AF159343

مقدمة

انا بدأت هذا الكتاب,لأنني تلقيت خلال الشهور الأخيرة الإمكانية لجمع العديد من الخبرات في حماية الاتصال المباشرة الباحثة قي المانيا.

شركة النشر احضرت مسبقا من عدة شهور مضت قراءة صغيرة للاجئين التي يجب ان تساعد هؤلاء ليتلقوا النظرة الأولى في الحياة في المانيا. خلال الشهور الأخيرة العديد من المساعدين والمساعدات تلقوا نظرة جيدة حول بعض القيم التي تلاقينا على كفة واحدة الان,ولكن ايضا بديهيا يجب التوضيح للوصول لتعاون جيد. القاعدة الأساسية للحياة الجيدة معا هي,بالدرجة الأولى,التسامح والتفاهم. العديد من أسباب مواقع العيش للدول الاخرى هي مثيرة للاوروبيين وهم فضوليين, ولكن وهذا ليس غير مهم هنا بالتأكيد,يحبون أيضا حرية تكوين حياتك وان يختبروا انهم ليسوا منزعجين في كل يوم في عاداتكم.كل شخص سوف يبقى هنا او يتلقى حق اللجوء السياسي يجب أن يتأقلم مع القيم و القناعات الرئيسية.الكثير كان مختوم وراسخ بحزم مسبقا للبعض. النقاشات الاعتيادية حيث اذا كانت العقيدة الاسلامية تتوسط كمعتقدات خاطئة أو اذا كانت شيء تعليمي ويجب النظر اليها كشيء فردي تناقش في الاعلام وبين علماء عدة.

وعندما بدأت بالمشاركة في مبادرات اللاجئين كانت لدي صورة صغيرة لكيفية أن العديد من محاولات ايجاد الحلول ضرورية

وفي أي الأماكن تحتاج أن تكون التنقية فيها وبالاضافة المشاكل يجب ان تكون فقط معروفة.

من هذه الفكرة الأساسية بدأت اعتياديا,في حين الناس الذين يبحثون عن الحماية, للدعم وانشاء ملاحظات لجميع الحالات و الأسئلة التي راودتني.هذه المقالة يجب أن تساعد قليلا لفهم النظام الألماني و العالم الألماني أكثر.

بجانب الحقوق الأساسية التي هي مطبقة في ألمانيا ويجب على الجميع أن يعيش وفقها,المقالة سوف تتضمن أيضا مواضيع عن تأجير الشقق وأيضا البيوت. الدراسات أظهرت أن العديد من الذين يبحثون عن الحماية لمدة تتراوح ثلاثة

أشهر لا يمكنهم أن يبدأو بشيء وفقط بالقليل من الصعوبات يمكن أن تنشأ منها للمستأجرين.

بالاضافة, المقالة يجب أن تغطي قليلا من المسائل المتعلقة بقانون العمل, بحيث الحقوق تكون واضحة من جهة,ولكن أيضا الواجبات.

جميع الأشخاص الذين لديهم حالة اقامة غير واضحة قد لعبوا مرارا وتكرارا بالأفكار للعمل بشكل غير قانوني في ألمانيا. في هذا الصدد المبدأ التوضيحي صالح هناك بحيث العواقب هي محددة باكتشاف العمل الغير قانوني.بخصوص ذلك جزء قانوني صغير متضمن.

على الأقل كجزء مهم هو فهم قيمة المرأة وصورتها في ألمانيا و اوروبا بشكل عام. بعض عادات وتقاليد الألمان مذكورة,حيث في ألمانيا هناك تصرفات و مظاهر رسمية.

وانه لافتراض من واقع أن أغلب الذين أتوا الى هذا البلد لاحتياجهم ذلك قد أتوا ولديهم اهتمام أن يتأقلموا هنا.

هذا يبدو بسيطا,ولكن قد بدا انه على الأساسيات الثقافية المميزة أحيانا تكون معقدة, أول كل الأعمال.الثقافات التي قبلت العديد من العالم الاوروبي المتحضر وشعروا لأنفسهم سيجدون الوسائل والطرق بشكل سريع ليندمجوا وليظهروا أنهم يريدون ذلك.

أما الاخرين الذين فهمهم الثقافي يبدو متعاكس جدا مع الغرب ستكون طريقة التي هي ممكنة,ولكن ستكلف الكثير من الوقت والعمل.

الأشخاص الذين هربوا بدافع الحاجة مصممين أولا على أن يتعلموا كل شيء و أن يقبلوا.

ولكن, بعض المواقف الأساسية من هذه العوالم تظهر بنظرة قريبة بأنه هناك العديد من الاراء. وهذا محدد بالتعايش بعدد ضخم من الاراء حول الشخص,من أساليب الحياة المتباينة الجديدة التي صدرت.
ومع ذلك, بشكل أساسي هذا الموقف هو الارادة للتعددية و التسامح.

حركة علم البيئة أقامت رسم تخطيطي بين السبعينات و الثمانينات بصورة شاملة

لرجل يحاول الاندماج, هذا الشخص متوتر في الطبيعة. مع ذلك, في ألمانيا صورة الرجل متعلقة بها بعد تطبيق القوانين الأساسية هنا .
هذه ليست سيادة معزولة فرديا كالذي يعيش كناسك, ولكن هذه الصورة تتعامل مع التوتر المتصل مع المجتمع لأغراض التحفظ الطائفي للشخص بالطبع بالاضافة , للمس قيمهم الجوهرية.

مقاطع القانون الأساسي, على سبيل المثال, المقالات 1,2,12,19,20 تشمل بالتحديد هذه القضايا .

هذه المقالات تعني: الأفراد يستطيعوا أن يسمحوا هذه القيود لحرية تصرفاتهم التي يفترض المشرع أنها تحافظ وتدعم الحياة الاجتماعية معا في حدود المنطقية.

هذا الموقف غير مقبول في كل البلاد و تحدي للتعايش معا .

FSC
www.fsc.org
MIX
Papier aus verantwortungsvollen Quellen
Paper from responsible sources
FSC® C105338

Herstellung und Verlag:
BoD - Books on Demand, Norderstedt
ISBN 978-3-7412-4170-3

معلومات عن الكاتب

الكاتبة "يوليا موهر" ولدت في عام 1989 في هامبورغ. لديها أخ أكبر منها عمرا ووالداها درسوا القانون. بالفعل كالشباب أرادت أن تدخل الى نطاق الصحافة و أعمق الى المواطن الألماني. في حين, في الوقت ذاته أرادت أن تعمل بالاتصال مباشرة مع الناس و الترويج لهم. هي درست علم النفس الصناعي, ثم اختارت المجالات, التي يمكن أن تطور نفسها بهم. ,من بين البقية,بعد الدراسة عملت هي لوقت مع ضمان و في وكالة خدمات. أخيرا, في عام 2015 هي بدأت باحضار أفكارك و ملاحظاتك و خبرتها على الورق. بجانب المساعدة في الحياة اليومية للقادمين جديدا الى هامبورغ, بدأت بالكتابة في غابة السلطة لدراسة الأساسيات القانونية و لتطبق معرفتها النظرية الى الحضارة الألمانية بشكل ثقافي. في نهاية عام 2015 اكتشفت جمعية خيرية للاندماج الشامل للاجئين.

رسم الجمعية يهدف الى عمل وتوضيح طويل الأمد. مع مستشارها هي تحاول أن تعطي في هذا الصدد المساعدة, كما تأمل أن يتلقى القادمون الجدد في هذه الطريقة الخفيفة وصول ليتناقشوا مع الثقافة الألمانية, لأنها تنظر للخلف حيث الثقافات الاخرى لديها تاريخ طويل وقيم صالحة اليوم كقيم مؤدبة و جيدة,التي

تطورت من خبرات القيم في العقود الأخيرة. الكاتبة تبدأ الان بتدريب متقدم كمستشارة نفسية,ويمكن الوقوف أيضا على قاعدة عاطفية ونفسية اذا كان ضروريا مع المساعدة جانب ذلك. المستشار قد نشأ بينما هي بدأت باعطاء دروس لغة ألمانية بالاضافة الى العمل في توضيح الثقافات.

نص عن المعلومات للكتاب

المستشار يجب أن يقدم للاجئين و لمساعديهم أقرب للنظام البيوقراطي وأيضا للنظام القضائي حتى يكونوا قادرين على البحث عن مساعدة أو أن يكونوا قادرين على أن يشرحوا. بالاضافة الى أن المستشار مصمم ليتمكن القادمين الجدد من مواجهة الثقافة الألمانية,القيم و التقاليد و لتبسيط المدخل لهم قليلا.

الوصول الى دولة أجنبية مع ثقافة أجنبية بدون أنظمة هو مسبقا معقد جدا على حساب فهم الحواجز.شيء يمكنه أن يبسّط هذه الطريقة بشكل جزئي لأنه تعلم اللغة الوطنية هو مفتاح يفسره الاندماج. مع ذلك هنالك امكانيات للتبسيط من خلال القراءة المكثفة, لخلق الفهم و الوصول.

هذا الكتاب يجب أن يكون مساعدة لتلقي فهم أساسي لألمانيا و نظامها.سوف يشرح الحقوق والواجبات التي يجب على الجميع أن يحافظ عليها.
البداية صعبة جدا في دولة جديدة. اذ انه لا يوجد اشارة شارع أو تطبيق حكومي أو محطة قطار مفهومة, وهذا يقود الى خيبة الأمل الأولى.اذا كان يوجد قوانين وقيم وعادات قادمة, فيجب استخدام المساعدة لايجاد الطريق.
الرغبة لايجاد الطريق هي كبيرة ولكن الارتباك أيضا. من أين يجب أن يبدأ الشخص وأين يجب أن يقف وماذا يحتاج فعلا وما هو الغير مهم في البداية.

القاعدة ممكنة فقط اذا توفرت المعلومة بشكل مضغوط. من المهم أن تحصل على نظرة عامة في البداية. كل شخص يعيش في ألمانيا اذا كان يعيش فيها أو كان في رحلة لا بد أن يتبع القوانين الأساسية في جمهورية ألمانيا الاتحادية. ما هي القوانين الأساسية؟ ماذا تتضمن ومن تحمي؟
القوانين الأساسية تتضمن حقوق وقوانين في ألمانيا. هنا يجد الشخص قواعد الاداب في المجتمع و الحقوق التي يمتلكها الجميع. الاستثناء لهذه الحقوق لكل الأفراد يظهر رفاهية المجموعة الذي ينظر له خلال الصراع الجزئي بأولوية.
سلطات الدولة التي تتواجد كثلاث أقسام ,السلطات التشريعية, القضاء والتنفيذ, تقف مع القرارات و الأفعال دائما حول الدين.لا يوجد أي جريمة جنائية يمكن أن تبرر من قبل الدين. انه أمر في ألمانيا تجارة الجنس, الدين و البلد المنشأ أو الحالة في اجراء اللجوء السياسي, دائما من خلال الحقوق والواجبات بغض النظر عن لون البشرة,و المعيشة. الجميع يجب أن يلتزم بالقوانين الأساسية. الشخص

يجد القوانين الأساسية في رقم القانون المدني في القسم الذي يحمل نفس الاسم. المقالات الأكثر أهمية في الوقت الحالي توجد في المقالة من 1 حتى 19.

في القسم التالي تجد المخلص لرقم القانون المدني النصوص القانونية المكتوبة عن القوانين الأساسية المهمة. هذه القوانين صالحة لكل شخص, حتى اذا كان الشخص من غير نظام سياسي أو من ثقافة اخرى أو من الشعوب البدائية.

المواضيع

- القوانين الأساسية 12
- حق اللجوء السياسي وحق الهجرة 22
- استبعاد اللجوء و الاعتراف باللاجئ 25
- إجراءات اللجوء 26
- شخص تحت سن 18 عاما 27
- قرار إيجابي 28
- طلب لاحق 29
- قرار سلبي 29
- عضو في الأسرة 30
- الوصول إلى سوق العمل 30
- التقدير للغايات المهنية الأجنبية: 31
- اجراء الاعتراف 32
- عقد التوظيف 33
- ساعات العمل 33
- العطلة 34
- المرض 34
- نصيحة مع اخطارات المرض 35
- الحماية من الفصل غير القانوني 35
- توجيه / الضرائب 35
- العمل غير القانوني ونتائجه 36

العمالة غير القانونية..36	
القانون الجنائي 36	
تصنيف الضرائب من العمل غير المشروع................................37	
لا تمنح العمالة غير القانونية، إذا................................39	
نتائج التوظيف غير القانوني................................40	
السيطرة على العمالة غير القانونية................................41	
الاجرانات مع الضوابط................................41	
نصيحة! : 42	
الإيجار اعتباري..43	
إشعار..43	
أمن الإيجار 43	
ارتفاع الإيجار 44	
انخفاض الايجار 45	
الواجبات التعاقدية الأخرى في عقد تأجير................................46	
الحيوانات الأليفة 46	
شكل مكتوب مع عقد تأجير 47	
التوقيع..47	
شهادة ايجار حرية الدين................................47	
واجبات المستأجر: 47	
!تلخيص واجبات مهمة من المستأجر تجاه المؤجر !................................48	
ماذا يمكن أن يحدث إذا كان شخص لا يبقي على الواجبات؟ 51	

القيم والعادات	53
يتم استخدام نموذج لهوفستيد للتوسط أكثر قليلا من القيم الألمانية والرموز والقبول الأساسية.	58
ما يحبه الألمان	61
الواجبات في الحالة الاجتماعية	74
النصائح والاقتراحات	76
نتيجة ووجهة نظر	76

القوانين الأساسية

المادة1

(1) كرامة الشخص لا يمكن مسها.انها لكي تكون محترما ومحمي ويجب الالتزام بسلطة الدولة.

(2) الشعب الألماني يعترف بعدم أذية حقوق الانسان وهذا كقانون لكل مجتمع انساني, السلام و العدالة في العالم.

(3) الحقوق الأساسية التالية , التشريع, التفيذ, السلطة و اقامة العدل هي حقوق فورية وصالحة.

المادة2

(1) الجميع له الحق في حرية تطوير شخصيته , طالما انه لا ياذي الحقوق المختلفة ولا يهين النظام كما ورد في الدستور.

(2) الجميع لديه الحق في الحياة و التصرفات الفزيائية. حرية الشخص غير ماذية. في هذه الحقوق يمكن أن تدخل فقط على أرض القانون.

المادة3

(1) جميع الناس هم متساوون أمام القانون

(2) الرجال و النساء متساوون. السلطة تروج الاختراق الفعلي للحقوق المتساوية للرجال و النساء وتعمل على ازالة مساوئ موجودة..

(4) لا يمكن لأحد أن يكون محروم بسبب جنسه أو لغته أو بلده الأم أو معتقدانه أو دينه أو ارائه السياسية أو أن يُفضّل. ولا شخص محروم بسب اعاقته.

المادة4

(1) حرية الايمان.حرية اختيار الأديان و الاعترافات العقائدية غير ماذية.

(2) ممارسة الدين بدون ازعاج هو شيء مضمون

(3) لا يتم اجبار اي شخص ضد ضميره في خدمة الحرب(العسكرية) بالسلاح.

المادة5

(1) الجميع لديه الحق للتعبير عن رأيه بالكلام و الكتابة و الصور بحرية و النشر والاعلام بالأمر دون عوائق(حرية التحدث). حرية الصحافة و حرية الاعلام من خلال شركة النشر مضمونة والرقابة لا تأخذ مكان.
(2) هذه الحقوق تجد الحواجز في القوانين العامة, القوانين لحماية الشباب و في حق الشرف الشخصي.
(3) الفن و العلوم, حرية القيام بالأبحاث و التمهن. حرية التمهن ليست حبيسة من الاخلاص بين الدستور.

المادة6

(1) العائلة تقف أمام الحماية الخاصة لقانون الدولة.
(2) العناية و التعليم للأطفال هو حق طبيعي للوالدين و اولا يجب أن يكون لهم عمل جاري. مجتمع الدولة يراقب نشاطهما.
(3) ضد ارادة الاستفادة التعليمية الأولاد يمكن أن يفصلوا فقط على أرض القانون من العائلة اذا فشلت الاستفادة التعليمية أو اذا تم تهديد الأطفال لأسباب اخرى بأن يهملوا. كل أم متضمنة بحماية و اعتناء المجتمع.
(5) بالنسبة للأولاد الغير شرعيين يجب أن ينشأوا من قبل التشريع للحالات المتساوية للتطور العقلي و الجسمي و المكانة في المجتمع كالأولاد الشرعيين.

المادة7

(1) النظام التعليمي يقع تحت اشراف الدولة.
(2) الاستفادة التعليمية لها الحق لتحديد حول مشاركة الطفل في الدروس دينية.
(3) الدروس الدينية في المدارس العامة مع استثناء المدارس الخالية من الاعتراف كمادة- معدة بشكل جيد. بغض النظر عن حق اشراف الدولة فان الدروس الدينية تعطى وفق مبادئ الاعترافات. لا يجب أن يجبر أي معلم أن يعطي دروس دينية ضد ارادته.
(4) حق تأسيس المدارس الخاصة مضمون. المدارس الخاصة كبديل مع المدارس العامة تحتاج لموافقة الدولة وهي تابعة لقوانين الدولة الاتحادية.
(5) المدرسة الابتدائية الخاصة معترف بها فقط اذا كانت الادارة التعليمية ترى اهتمام تعليمي خاص أو وفق طلب الاستفادة التعليمية اذا يجب تأسيسها كمدرسة طائفية, كاعتراف أو مدرسة على صعيد عالمي و مدرسة ابتدائية عامة من هذا

النوع غير موجودة في البلدية.
(6) الحضانة تبقى مرفوعة.

المادة 8

(1) كل الشعب الألماني لهم الحق بدون تسجيل أو اذن بسلام وبدون حشد السلاح.
(2) للقائات تحت سماء حرة هذا الحق يمكن يصبح محدودا بقانون أو بأرضية قانونية.

المادة 9

(1) كل الألمان لهم الحق بتشكيل جمعيات و مؤسسات.
(2) النقابات التي أغراضها أو نشاطاتها تتعارض مع العقوبات أو مباشرة ضد النظام وفق الدستور أو ضد فكرة التفاهم بين الأمم ممنوعة.
(3) حق تشكيل النقابات للحماية و الدعم وفق شروط التوظيف والشروط الاقتصادية هي مضمونة لكل الحرف. الاتفاق الذي يحد هذا الحق أو يحاول أن يعيقه هو مشتت, هنا التدابير الموجهة غير قانونية.

المادة 10

(1) خصوصية المراسلة و أيضا البريد و سر التسجيل البعيد غير ماذية
(2) القيود يمكن ترتيبها فقط على الأرضية القانونية. اذا كان القيد يخدم حماية نظام التحررية الديموقراطي أو الاستمرارية أو حماية حليف أو دولة, القانون يمكن أن يحدد انه غير مبلغ عن الشخص المتأثر وأن مكان العملية القانونية وخطوات التحقق من قبل أجهزة تطلب من منزل المؤسس و الأجهزة المساعدة.

المادة 11

(1) جميع الألمان يتمتعون بالسخاء في كامل المنطقة الاتحادية.
(2) هذا الحق يمكن تحديده فقط بالقانون أو على أرض القانون وفقط للقضايا التي أساسيات الحياة فيها غير موجودة و الجمهور العام منها أحمال خاصة قد تنشأ أو للدفاع ضد خطر متوعد للاستمرارية أو التحررية الديمقراطية

المادة12

(1) جميع الألمان يجب أن يختاروا , المهن و العمل و مركز التدريب الصحيح بحرية.الاحترافية يمكن تنظيمها بالقانون أو في أرضية قانونية.
(2) لا يمكن اجبار أحد على عمل معين, ماعدا في نطاق العام العرفي, للكل واجب الخدمة العامة ذاته.
(3)العمل الصعب مسموح فقط باستخراج الحرية بترتيب قضائي.

المادة12 a

(1) يمكن اجبار الرجال من عمر الثمانية عشر للخدمة العسكرية, في شرطة الحدود الاتحادية أو في جمعية الدفاع المدني.
(2)الشخص الذي يرفض السلاح في خدمة الحرب لأسباب ضميرية, يمكن أن يجبر لخدمة احتياطية. فترة الخدمة الاحتياطية قد لا تتجاوز فترة خدمة الجيش. تفاصيل أكثر تنظم قانون الذي قد لا يؤثر على حرية قرار الضمير وأيضا يجب حضور امكانية الخدمة الاضافية التي لا تقف بصلة مع جمعيات القوات المسلحة و شرطة الحدود الاتحادية.
(3)المجندين اللذين لم يتقدموا للخدمة بعد الفقرة 1 أو 2 يمكن أن يعاقبوا في القضية الدفاعية من قبل القانون أو على أرضية قانونية من الخدمة المدنية لأغراض دفاعية تتضمن حماية الحشد المدني في علاقة رئيس العمل و الموظف. الاجبار في توظيف القانون العام هو فقط لادراك واجبات الشرطة أو كهذه الواجبات العليا عن الادارة العامة التي يمكن أن تتم فقط بقانون التوظيف العام. علاقات رئيس العمل والموظف بعد القرار 1 يمكن العثور عليها مع القوات المسلحة, في منطقة صلاحيتها بالاضافة الى المؤسسات العامة. الالتزامات في علاقات رئيس العمل و الموظف في منطقة صلاحية الحشد المدني مسموحة فقط لتغطية الحاجة للأهمية العظمى لضمان حمايتها.
(4) اذا لا يمكن تأمين الحاجة في الحالة الدفاعية في الخدمات المدنية في الخدمة الطبية المدنية و أيضا في جمعية المشفى العسكري الغير قابل للنقل على قواعد تطوعية
النساء من عمر الثمانية عشر يمكن أن يسحبوا الى الخمسة والخمسين من العمر وفق القانون أو على أرضية قانونية لهكذا خدمات. قد تكون ملزمة بأية حال من الأحوال على الخدمة بالسلاح.

(5) لوقت الذي قبل تأسيس قضايا الالتزامات الدفاعية بعد القسم 3 لأي معرفة خاصة أومواهب ضرورية للواجب. القرار 1 لا يجد استخدام في هذا القسم.
(6) اذا لا يمكن تغطية الحاجة في القضية الدفاعية في القوى العاملة خلال الفقرة 3 القسم 2 لاستدعاء مناطق على دوافع تطوعية. حرية الألمان يمكن أن تكون محدودة لحماية هذه الحاجة لاعطاء التمرين لمهنة أو لعمل. وفق القانون أو على أرضية قانونية. قبل الدخول للقضية الدفاعية الفقرة 5 متوفرة بحسب الحكم 1

المادة13

(1) الشقة سالمة وغير ماذية.

(2) يمكن ترتيب بحث فقط من قبل القاضي، مع خطر في التأخير أيضا من قبل أجهزة أخرى هادفة في القوانين وأن يتم فقط في النموذج المعد هناك.

(3) إذا كانت بعض الوقائع تفسر الشك أن شخصا ما قد ارتكب جريمة جنائية ثقيلة معينة بشكل فردي عن طريق القانون، ويمكن استخدام الوسائل التقنية للسعي للعمل على أساس ترتيب القضائي للإشراف الصوتي من قبل الشقق التي من المحتمل أن يبقى المجرم إذا كان التحقيق في الظروف بطريقة أخرى معقدة على نحو غير متناسب أو كان ميئوسا منه. الاجرائات هو أن تكون مقاسة. يحدث هذا الترتيب من خلال هيئة متحدثة مع ثلاثة قضاة. مع خطر في التأخير ويمكن أن تتحقق أيضا من قبل قاض منفرد.

(4) مخاطر عاجلة للدفاع عن الأمن العام، ولا سيما من خطر مشترك أو خطر الموت، ويمكن استخدام الوسائل التقنية لإشراف الشقق فقط على أساس الترتيب القضائي. مع الخطر في تأخير هذا الاجراء يمكن ترتيب الاجرائات في مكان اخر قانونيا؛ قرار قضائي يجب على الفور أن يتخذ.

(5) إذا تم التخطيط للوسائل التقنية حصرا للحماية من قبل التطبيق في الشقق لشخص نشط، القياسات يمكن أن تترتب في مكان معين قانونيا. والاستخدامات الأخرى للمعرفة المحققة في هذه المناسبة هي فقط لغرض إجراءات جنائية أو الدفاع الخطر وفقط يسمح إذا من قبل أن يتم التأكد من مشروعية هذه الإجرائات القضائية. مع الخطر في تأخير القرار القضائي على الفور يجب أن يتخذ.

(6) تعلم الحكومة الاتحادية البرلمان سنويا عن بعد الفقرة 3 وكذلك حول نطاق التحالف بعد الفقرة 4، وحتى الآن فحص المعوزين قضائيا، بعد حدوث الفقرة 5 في تطبيق الوسائل التقنية. لجنة انتخابية من قبل البرلمان تمارس الرقابة البرلمانية على أساس هذا التقرير. تضمن الدول والرقابة البرلمانية ما يعادلها.

(7) يمكن تنفيذ التدخلات والقيود، بالنسبة للبقية، فقط للدفاع عن خطر مشترك أو خطرا قاتل للعزاب، على أساس القانون أيضا للوقاية من الأخطار الملحة للأمن والنظام العام، على وجه الخصوص لإزالة النقص في المساحة لمكافحة خطر انتشار الأوبئة أو لحماية الشباب المهددة.

المادة 14

(1) يضمن الملكية وقانون الخلافة. يتم تحديد المحتويات والحواجز بالقوانين.

(2) الالتزامات العقارية. استخدامه ينبغي أن يكون في نفس وقت رفاهية الجمهور العام.

(3) المصادرة مسموحة بهتافات الجمهور العام. و إنها تحدث من خلال القانون أو على أساس القانون الذي ينظم نوع وحجم التعويض. التعويض سوف يتم تحديده تحت الاعتبار العادل لمصالح الجمهور والشركاء. نظرا لارتفاع التعويض فان العملية القانونية مفتوحة في النزاع أمام المحاكم قبل المحاكم المرتبة.

المادة 15

يمكن نقل الأراضي والموارد الطبيعية ووسائل الانتاج لفرض التأميم بموجب القانون الذي ينظم نوع وحجم التعويضات في الملكية الجماعية أو في أشكال اخرى من الاقتصاد الاجتماعي.

المادة 16

(1) لا يجوز أخذ الجنسية الألمانية بعيدا. فقدان الجنسية قد يدخل فقط على أساس من القانون وضد إرادة الشخص المتضرر فقط إذا لم يكن الشخص المصاب بذلك عديم الجنسية.

(2) لا ألماني يمكن تسليمه إلى بلدان أجنبية. تراتيب متباينة يمكن اجراءها عن طريق القانون للتسليم لدولة عضو في الاتحاد الأوروبي أو إلى محكمة دولية من القانون، بقدر ما هي حماية مبادئ الدولة في ظل حكم القانون.

المادة A16

(1) المضهدين سياسيا لهم حق اللجوء السياسي.

(2) في الفقرة 1 لا يمكن مناشدة الذي يدخل من دولة عضو في المناطق الاقتصادية الأوروبية أو من بلد ثالث آخر حيث يتم ضمان استخدام اتفاق حول الوضع القانوني للاجئين واتفاقية لحماية حقوق الإنسان والحريات الأساسية. دول ما وراء المناطق الاقتصادية الأوروبية التي تنطبق عليها شروط الجملة 1، هي محددة من القانون الذي يحتاج لموافقة المجلس الاتحادي. في حالات الجملة1 تدابير الانتهاء يمكن تنفيذها بغض النظر عن مرصع حل قانوني ضد هذا.

(3) حسب القانون الذي يحتاج لموافقة المجلس الاتحادي يمكن تحديد الدول التي على أساس الوضع القانوني, والاستخدام القانوني والعلاقات السياسية العامة تبدو مضمونة أنه ليس هنالك سعي سياسي أو عقوبة أو معاملة قاسية أو لاإنسانية أو مهينة . يفترض أن أي أجنبي من مثل هذه الدولة لا تتم متابعته ، طالما انه لا يبلغ الحقائق التي تفسر القبول بأنه مطارد سياسيا ضد هذا الافتراض.

(4) وتنفيذ تدابير الانتهاء من اقامة سارية المفعول في حالات الفقرة 3 وفي الحالات الأخرى التي من الواضح أنها لا أساس لها ، من قبل المحكمة فقط يتم الوضع في حالة وجود شكوك جدية حول قانونية هذا الاجراء . مدى الامتحان يمكن أن يكون محدود ويظل في وقت متأخر وبالتالي يمثل تجاهل للأمام. مزيد من التفاصيل هي التي يحددها القانون.

(5) والفقرات من 1 إلى 4 لا تقف في طريق عقود القانون الدولي من الدول الأعضاء في المجالات الاقتصادية الأوروبية معا ومع الدول الأخرى التي تجعل ترتيبات الاختصاص للتحقق من رغبة اللجوء بما في ذلك الاعتراف المتبادل للجوء و القرارات تدرس التزامات من اتفاق حول الوضع القانوني للاجئين واتفاقية حماية حقوق الإنسان والحريات الأساسية التي يجب أن تكون مضمونة في الموقعين.

المادة 17

الكل لديه الحق في التحول بشكل فردي أو في المجتمع مع الآخر بالكتابة مع طلبات أو عدم الراحة للإدارات المسؤولة وإلى مجلس النواب.

المادة A17

(1) القوانين لأداء الخدمة العسكرية والخدمة الاحتياطية يمكن أن تحدد، أنه للتعبير عن حق أساسي، عن رأيه في كلمة وكتابة وصورة لأفراد القوات المسلحة والخدمة الاحتياطية خلال فترة الخدمة العسكرية أو الخدمة الاحتياطية بحرية ولنشر (المواد 5 الفقرة 1 الجملة 1 الجملة النصف الأول)، الحق الأساسي في حرية التجمع (المادة 8) وحق العريضة (المادة 17)، طالما أنها تمنح الحق في تقديم الطلبات أو عدم الراحة في المجتمع مع الآخرين هي محدودة.

(2) القوانين التي تخدم الدفاع بما في ذلك حماية السكان المدنيين يمكنها تحديد أن الحقوق الأساسية للسخاء (المادة 11)، وحصانة الشقة (مادة 13) محدودة.

المادة 18

الذي ينتهك حرية التعبير عن الرأي، ولا سيما حرية الصحافة (المادة 5 الفقرة 1)، وحرية التعليم (المادة 5 الفقرة 3)، وحرية التجمع (المادة 8)، وحرية النقابات (المادة 9)، الرسالة، البريد وسر التسجيل البعيد (المادة 10)، والملكية (المادة 14) أو حق اللجوء السياسي (المادة A16) للقتال ضد النظام الأساسي الديمقراطي الليبرالي، يفقد هذه الحقوق الأساسية. الغرامة وحجمها معلنة من قبل المحكمة الدستورية الاتحادية.

المادة 19

(1) حتى الآن بعد هذا القانون الأساسي الحق الأساسي يمكن أن يقتصر على القانون أو على أساس من القانون، يجب أن يكون صالح للقانون بشكل عام وليس فقط بالنسبة للحالة معزولة. وعلاوة على ذلك، فإن القانون يجب أن يدعو الحق الأساسي تحت معلومات من هذه المادة.

(2) لا يمكن في حال من الأحوال المساس بالحق الأساسي في راتبه الموجود.

(3) الحقوق الأساسية هي أيضا صالحة للكيانات المنزلية القانونية ، بقدر ما كانت قابلة للتطبيق بعد كونها في هذا الشأن.

(4) إذا أصيب شخص ما من قبل السلطة العامة في حقوقه، العملية القانونية مفتوحة أمامه. طالما لم يتأسس اختصاص آخر، تعطى العملية القانونية المرتبة بشكل جيد. تبقى المادة 10 الفقرة 2 الجملة 2 غير ممسوسة.

المادة 20

(1) جمهورية ألمانيا الاتحادية هي دولة اتحادية ديمقراطية واجتماعية.

(2) كل سلطة الدولة تخرج من الناس. وتمارس من قبل الشعب في الانتخابات والأصوات وأجهزة خاصة للتشريع، والسلطة التنفيذية، وإقامة العدل.

(3) إن التشريع هو النظام وفقا للدستور، السلطة التنفيذية وإقامة العدل مرتبطتان بالقانون والحق.

(4) ضد جميع الذين يبدأون بإزالة هذا النظام. كل الألمان لهم الحق في المعارضة إذا لم يتوفر علاج آخر.

المادة A20

تحمي الدولة أيضا في مسؤولية الأجيال القادمة الموارد الطبيعية والحيوانات في نطاق النظام وفقا لدستور التشريع ووفقا للقانون والحق من قبل السلطة التنفيذية، وإقامة العدل.

المادة 22

(1) عاصمة جمهورية ألمانيا الاتحادية هي برلين. تمثيل الدولة كلها في العاصمة هي وظيفة من التحالف. يتم تنظيم المزيد من التفاصيل بموجب القانون الاتحادي.

(2) العلم الاتحادي أسود-أحمر-ذهبي.

المادة 33

(1) كل ألماني لديه نفس الحقوق والواجبات المدنية في كل بلد.

(2) كل ألماني لديه بعد ملاءمته، وقدرته وإنجازه الفني نفس الوصول إلى كل المناصب العامة.

(3) سرور الطبقة الوسطى والحقوق المدنية، ومنح التراخيص للمكاتب العامة فضلا عن الحقوق المكتسبة في الخدمة المدنية وبغض النظر عن الاعتراف الديني. لا يمكن ظهور مساوئ لأي شخص بسبب انتمائه أو عدم الانتماء إلى طائفة أو وجهة نظر عالمية.

الحقوق الأساسية صحيحة أولا، ولا سيما في شكل الحقوق الدفاعية التقليدية، كوسيلة لتقييد السلطة تجاه حاملي السمو، لذلك للدولة. قانون أساسي بجانب الحقوق الأساسية هو AGG. قانون المساواة في المعاملة العامة (AGG) أو أيضا قانون مكافحة التمييز - هو القانون الاتحادي الألماني، و "عيوب لأسباب عرقية أو بسبب أصلهم العرقي، والجنس، ووجهة نظر دينية أو عالمية، ويوجد هناك عائق ، يجب منع و ازالة العمر أو الهوية الجنسية ". لتحقيق هذا الهدف فان الشعب محمي من قبل القانون الذي يحصل على الحق.

حق آخر ضروري جدا للباحثين عن الحماية في ألمانيا ذات صلة هو.

من هو صالح في ألمانيا باعتباره لاجئ مقبول من الذين يبحثون عن الحماية واي القوانين التي تبين الأسس التي قامت عليها حقوق وواجبات الذين قد يبقون في ألمانيا؟

حق اللجوء السياسي وحق الهجرة

حق اللجوء السياسي وحق الهجرة ينظم حقوق وواجبات طالب اللجوء. طالب اللجوء هو الشخص الذي يتلقى الدعم من الدولة. حق اللجوء السياسي يتعامل مع حقوق وواجبات تلك التي تتلقى مساحة المعيشة والدعم المالي والدعم المادي من خلال الدولة الاجتماعية. في المثال الأول يبدو في مثل هذه الطريقة كما لو أن الجميع يستطيعون تقديم طلب للحصول على اللجوء. ومع ذلك، فإن القوانين في ألمانيا تنظم بحيث يعرف بالضبط، على سبيل المثال، من هو ساري المفعول بصفة لاجئ، وبالتالي يحصل على إمكانية الاعتراف من الدولة. أساس الاعتراف بعد المادة. 16 القانون الأساسي و§3 الفقرة 1(قانون حق اللجوء الخاص)

تعريف اللاجئين من اتفاقية اللاجئين الجنيفية في (GRP). فهي تعني الفقرة بعد §3. 1(قانون حق اللجوء الخاص)

أن اللاجئ هو الشخص الذي هو "من خوف معقول بسبب جنسه أو دينه أو جنسيته أو معتقده السياسي أو الانتماء إلى فئة اجتماعية معينة خارج بلد المنشأ الذي لديه الجنسية أو الذي عاش على أنه شخص ديم الجنسية والذين الحماية لا يمكن أن تصل لهم قبل هذا السعي أو لا يريد أن يأخذ بسبب الخوف من الملاحقة. ومن هنا يجب التمييز الأهم بين فئتين. الاولى أن الشخص صالح كلاجئ معتمد وغيرها من تلك التي تم رفضها بهذا الوضع. في هذه المناسبة، الشخص يضع لنفسه هذا السؤال، متى تأسس الخوف من اللاجئين من السعي و رأي السلطات في مدى القوة التي يجب أن يمتلكها الشخص لدولته. هذه الأسئلة وغيرها الكثير وضعت المزيد من الجهود لأنفسهم وأيضا تلك التي يجب أن تقرر بشأن ما إذا كان اللاجئ يتلقى حق اللجوء في ألمانيا أم لا. في الممارسة بدا الأمر كثير التكرار أنه تم رفض الاعتراف باللاجئين لأنه قد أخذ السعي في رأي المكتب الاتحادي مكان في بعض الحالات ، ولكن هذا لم يكن موجه بشكل واضح ضد الشخص. ولقرار شخص من طالبي الللجوء من المهم أن توجد أسباب تدعو للهروب لطالبي اللجوء والهروب على هذا النحو كتواصل مباشر ومفهوم. وهذا ما يسمى بأنه فورا يجب أن يكون صدر تهديد أو عانوا السعي للهروب لجعل الاعتراف ممكن. إذا، على سبيل المثال، بين السعي والهروب قد مر بعض الوقت وأنت غير معترف فيك في طريقة اتصال مباشرة ومفهومة، لم يتم

قبول السعي أكثر من أسباب هروب. الاعتراف غير ممكن إلا إذا لم يكن هناك إمكانية للحماية قبل السعي ، وأيضا في المناطق أو الأقاليم الأخرى من الوطن. وهذا هو الكثير مثل إذا كان في مناطق أخرى من بلد المنشأ لا يوجد فيها خطر السعي، ويسمى هذا الخيار بديل هروب المنزل. وهذا يؤدي في معظم الحالات بعد ذلك إلى رفض طلب اللجوء.

وهناك شرط عن البديل المحلي هي أن المحاكمة يمكن ان تتحرك على الطريق القانوني هناك، ويؤخذ أيضا هناك. إذا كان هذا هو الحال، يفترض كقاعدة أو يتوقع أن يجلس في هذه المنطقة من الوطن وليس في ألمانيا. أثناء التحقق من هذه البدائل للهروب انها مسألة النظر في الظروف العامة فضلا عن الظروف الشخصية. ويلتزم مكتب فرع المكتب الاتحادي للهجرة واللاجئين لملاحقة كل المعلومات الممكنة والموضعية من المؤسسات التي تغطي الأرض وعلى سبيل المثال UNHCR لتكون قادرة على اتخاذ قرار بشأن طلب اللجوء الذي يمكن الدفاع عنه. لعدة سنوات بحثا عن شخص يمكن أن يكون مقبولا من قبل المجموعات المسلحة أيضا كسبب كاف. إذا كان الشخص في هذه الحالة ليس محمي من قبل الدولة لأنه لا يمكن منح هذا إما لا حماية أو ارادة، C(قانون حق اللجوء الخاص) تكون مقبولة عند ذلك §3.

من المهم أن يتم وضع قبل كل طلب لجوء، دائما يتم التحقق من أسباب هروب. في ما يلي يشار إلى عدة أسباب نموذجية، فضلا عن قراراتهم في الماضي تحت المعلومات من هذه الأسباب.

إذا تم اعطاء سعي التهديد كسبب لطلب اللجوء ، ماذا يعني بالتحديد؟ يجب أن يكون السعي ملموس، مفهوم واحتمالي. في كثير من الأحيان هناك حالات للاجئين الذين لم يتعرضوا حقا للتهديد عند طلب اللجوء. إذا أعطيت باعتبارها سبب اللجوء التي اتخذت سعي المكان فورا، وطالب اللجوء لديه فرص أكبر، من أن يكون معترف به كلاجئ. هنا يفترض BAMF من حقيقة أن اللاجئين سيتم متابعتها مع عودة في بلده الأصلي مرة أخرى ويتوقف، بالتالي، على الحماية. وكان أحد الأسباب كما هو مسموح المتكرر في الماضي أن سعي التهديد اقترب على الفور. هنا يفترض BAMF من حقيقة أن نقاط سعي التهديد كقاعدة لحقيقة أن طالب اللجوء ومتابعة مع عودة في وطنه. هنا من المهم بالتأكيد أن نذكر أن كل سعي سابق أو تهديد غير صالح لطلب اللجوء . تم تحديده، في أي حال ما إذا كان السعي أو التهديد خطير بما فيه الكفاية. إذا أعطيت باعتبارها سبب اللجوء أن

الحياة والحرية كانت في خطر، وهذا يمكن أن يؤدي في بعض الظروف إلى أن يتم إعطاء أسس الاعتراف كلاجئ. ومع ذلك، وهذا يؤكد وفقط طالما تم تهديد الحرية في الحياة. في هذا تم التوصل إليه في الماضي كسبب للاعتراف ببعض الحالات، ومع ذلك، ليست مقنعة سبب الموافقة. بحيث الأهمية الذاتية لها سبب اللجوء سواء حرب أو حرب أهلية؟ في الحروب العامة والحروب الأهلية تكون أسباب غير مقنعة باعتباره سببا كافيا للحصول على اللجوء في ألمانيا.

ومع ذلك، هناك في حالات معزولة إمكانية للوصول إلى الاعتراف لو كان على وشك الخطر العام للحياة أثناء الحرب. أيضا سعي شخصي ملموس أو خطر يمكن ان يثبت. إذا، ولكن، كما يتم إعطاء رفض الخدمة العسكرية سبب للجوء، ما دعا إلى إجراء قرار حتى الآن في عرض جميع المحاكم الألمانية رفض الخدمة العسكرية ليست كافية كسبب للجوء. إلا في ظل مستوطنات محددة . ، لذا إذا كان شخص يتجنب خدمة الحرب يتلقى عقاب قوي خصوصا لأنه ينتمي إلى مجموعة تتعرض للتمييز، يمكن التعرف على هذا أيضا كسبب للجوء. ومع ذلك، فإن العقوبة بسبب رفض الخدمة العسكرية أثناء الصراع يمكن أن تكون في بعض الحالات كافية، وربما إذا كان طالب اللجوء قد اضطر في خدمة الحرب إلى المشاركة في جريمة ضد السلام. هذا يمكن أن يؤدي في بعض الحالات إلى الاعتراف. ماذا يحدث إذا كان سبب اللجوء يعطى الحاجة المادية؟ ومن الجدير أساسا أن ما يسمى حالات الطوارئ العامة، ،مجاعة أو كارثة بيئية كأسباب للجوء. هذا يعني إذا كان شخص لنفسه يريد اللجوء لدعم حصرا على أسس وجوده في بلده الأصلي حاول ثم لا بد له حساب حقيقة أن تم رفض طلبه في إجراء سريع. لو سبب لجوء السعي من قبل النساء، فمن الممكن أن يؤدي الانتماء إلى فئة اجتماعية معينة إلى الاعتراف بإجراءات اللجوء. في الواقع، بل هو مسألة بحث بأن الحرمان وقمع النساء غير كاف في بلد المنشأ في الحصول على اللجوء. تبدو بشكل مختلف قليلا مع النساء والفتيات اللاتي تعرضن للقوة الجنسية أو يخشنّ هذا.

يمكن التعرف على هذه في ظل الظروف كلاجئين. هذا صحيح، على سبيل المثال، مع تشويه الأعضاء التناسلية للتهديد أو الاغتصاب. يتم إدراج هذه في ظل الظروف والاختيار الدقيق إذا لزم الأمر. كما لو سبب اللجوء هو قمع ديني، الرفض يأخذ مكانا، في هذه المناسبة، في كثير من الأحيان أيضا، لأن أحد المرؤوسين له، فإنه يمكن أن يدرك معتقداته الدينية في المجال الخاص به و

محمي من العموم. ، ولكن بسبب الممارسات الدينية العامة الممكنة السعي ليكون من المفترض، وهذا يمكن أن يؤدي في حالات معزولة للاعتراف. نقطة أخرى والتي يمكن أن تؤدي إلى الاعتراف وأدت في الماضي في كثير من الأحيان هي المثلية الجنسية. إذا يمكن القول، على سبيل المثال، من حقيقة أن الشخص الذي هو مثلي الجنس سيكون ملاحق في وطنك، يمكن أن تظهر في ظل ظروف معينة سبب للجوء. ومع ذلك، في هذا السياق أيضا محدد بالضبط أن تكون الملاحقة محسوبة و اذا كانت العواقب وخيمة إذا عاد طالب اللجوء الى وطنه.

أي معايير صالحة أساسا كمعايير الإقصاء للاعتراف من النظام الأساسي كلاجئ في ألمانيا؟

استبعاد اللجوء و الاعتراف باللاجئ

الاستبعاد من الاعتراف كلاجئ الذي يتلقاه شخص ما اذا كان مدان, على حساب جريمة للحبس, ايضا, كخطر لأمن ألمانيا. هذا الشخص لن يستلم حق اللجوء السياسي أو الاعتراف كلاجئ, لأن هذا قد يعرض رفاهة المجموعة للخطر, وأيضا للشخص الذي هو تحت اشتباه عاجل بارتكاب جريمة ضد الانسانية.

إجراءات اللجوء

طلب اللجوء، وأيضا إجراءات الدخول في البلد الهدف. من الدول الأجنبية لا يمكن تقديم طلب اللجوء. الافتراض غالبا يعبر عن ذلك أيضا في تطبيقات رسالة اللجوء التي يمكن تطبيقها ليس على الأقل واضوح من الإجراءات الرسمية. ترتيبات فيينا تنوي في الأساس أنه لا يوجد إمكانية للموقف لطلب اللجوء في القنصلية أو الرسالة، حتى لو كان هذا يمكن أن يكون خارج عن تشريع نطاق التشريع الوطنى.

تبدأ إجراءات اللجوء مع هذا الإعلان بأنه طالب لجوء في البلد الهدف في السلطات المسؤولة. يمكن أن يحدث هذا في العديد من السلطات - على سبيل المثال، في الشرطة، في تحالف وادي جوبا، وسلطة أجنبية أو من قبل السلطات الحدودية. ولكن، إذا حدث الإعلان في سلطات الحدود على الحدود البرية، يجب أن يخشى أن يحدث تشويه وحدة الظهر في البلاد من أي شخص يأتي لمجرد أن ألمانيا محاطة من قبل الدول التي تنتمي إلى "نظام دبلن". بيان بعد دخول جوي من دولة خارج الاتحاد الأوروبي في سلطات الحدود في المطار ممكن ومعقول. موقف طلب اللجوء الرسمي يحدث مع مكتب فرع المكتب الاتحادي الذي تم تعيينه إلى معدات القبول المسؤولة. ثم لهذه المعدات اللاجئ سيمر عليها. إذا لم يكن ذلك ممكنا لأن اللاجئ يجلس في حضانة أو غير البالغ من العمر 18 عاما بعد وقلقه الاستفادي ليس مضطر للعيش في معدات القبول، وطلب اللجوء يتم اتخاذه مع المكتب الاتحادي. في هذه الحالة المكتب الاتحادي هو مقر في نورمبرغ , ومع ذلك، لا إمكانية لموقف الطلب الشخصي، لذا التطبيق هنا في الكتابة يجب أن يكون. (§14 (قانون حق اللجوء الخاص)

شخص تحت سن 18 عاما

الشباب أقل من 18 عاما ضد الوضع القانوني الحالي، لا أكثر قدرة على التصرف في إجراءات اللجوء وفقط القليل في حق الأجانب.   يتبع بعد موقف طلب اللجوء عدة جلسات.

يتم إجراء استجواب الطريق عادة أولا الذي يخدم أيضا لمعرفة في جلسة الاستماع ما إذا كان إعطاء حالة دبلن. نظام دبلن الثالث يحتوي، على سبيل المثال، اختصاص دولة عضو في الاتحاد الأوروبي الذي يطرح نفسه لإجراءات اللجوء من وجهات نظر مختلفة: ان البلاد التي من خلالها دخلت اللاجئين في الاتحاد الأوروبي هي المسؤولة. ومع ذلك، هي أيضا صالحة بعد هذا النظام أن البلد الذي وافق على تأشيرة للاجئين يمكن أن تكون مسؤولة. الجلسة الثانية من طالب اللجوء يرفق إعداد الجلسة الرسمية التي يتم السؤال عن التفاصيل الشخصية، مثلما الوثائق، والطريق وكافة الإجراءات الأخرى.

إذا يطرح نفسه بعد ذلك من هذه الجلسة أن اللاجئ والإجراءات لا بد وان تكون قد تقرر في ألمانيا، الجلسات الرسمية تتبع مع مكتب فرع المكتب الاتحادي المسؤول.

بعد هذه الجلسة الرسمية التي يقوم بها مترجم موجود وهو ممكن من أجل أن يأخذ شخص ثقة أو محام طالب اللجوء يحصل على بروتوكول الجلسة. في بعض الحالات يتم تسليم بروتوكول فورا بعد جلسة الاستماع، وفي حالات أخرى يتم ارساله عن طريق البريد. بعد هذا في كثير من الأحيان يمر بعض الوقت، حتى يتم إبلاغ هذا القرار. في هذا الوقت هو أن يتم التحقق من مستحسن بروتوكول الجلسة. وعلاوة على ذلك فإنه من المستحسن أن يتم ترجمة هذا البروتوكول إلى اللاجئ في لغته الأم. إذا تم التعرف على العيوب أو الأخطاء في هذا البروتوكول، ينبغي أن يتم اعلان هذا بالكتابة وعلى الطريق مباشرة للمكتب الاتحادي. إذا تبين بعد فحص سابق للجلسة أن ألمانيا ليست مسؤولة لنظام دبلن،

يتم تسليم الطلب إلى ورقة ندوة دبلن للمكتب الاتحادي. ثم في هذه المرحلة يتم التحقق إلى أي بلد يمكن للاجئ أن يعاد اليها لأنها هي المسؤولة عن المفاوضات عن هذا الاجئ.

قرار إيجابي

في الأساس الهدف هو الاعتراف باللاجئين وفقا لاتفاقية اللاجئين الجنيفية والتي تسمى في 3§ قانون اللجوء. في أوروبا عدد تأهيل التوجيه 83/2004 / المفوضية الأوروبية لعدة سنوات أيضا يجب أخذ المطاردة التي لا يمكن منعها من قبل الدولة أو التي لا تريد لمنع الدولة لهم بعين الاعتبار، وبالتالي الحماية لا يمكن أن تكون مضمونة.

الاعتراف باللاجئين في نوع 9 الفقرات 2. وهناك سبب آخر لهذا الاعتراف، هو الحماية التابعة الدولية التي يمكن العثور عليها في 4§ (قانون حق اللجوء الخاص)

تقول أنه مع عقوبة الإعدام أو غيرها من العقوبات المسيئة لقياسات حقوق الإنسان الاعتراف بالإجراء ممكن. بجانب الأنظمة المعمول بها للاعتراف, هناك صف من الترتيبات الإنسانية التي يتم تنظيمها في 60§ الفقرة 5 و 7 (قانون البقاء). الفقرة 5 منح الحماية من الترحيل إذا كانت الاتفاقية الأوروبية لحقوق الإنسان غير سالمة. الفقرة 7 من قانون البقاء يتضمن أن يتم منح إقامة الحق الإنساني للأشخاص الذين لديهم خوف على وجه التحديد خطرا من الحرية في الوطن. بعد صدور الاعتراف كمستفيد اللجوء، يتلقى اللاجئين تصريح إقامة بعد القانون 25§ الفقرة 1. يتم إعطاء تصاريح الإقامة وفقا للقانون (26§ فقرة 1 قانون الاقامة) لمدة ثلاث سنوات. بعد هذه السنوات الثلاث جودة اللاجئ يتم التحقق منها من قبل المكتب الاتحادي (73§ فقرة 2 من قانون إجراءات اللجوء). إذا لم يتم الإعلان عن أي اتصال من المكتب الاتحادي، على سبيل المثال، إلغاء حماية اللاجئ، إذن إقامة (26§ يصبح فقرة القانون 3 الاقامة: حق البقاء غير محدود) يعطى. إذا توافرت الظروف للإلغاء،   هذا يتعامل مع الحرمان من النظام الأساسي للاجئ، إذا منحت المزيد من الحماية الفرعية دوليا

بعد 4§ ، (تصريح الإقامة) أيضا صالح بعد 25§ . 2 (قانون الاقامة .)

إذا تم الاعترف بعقبات الترحيل بعد 60§ الفقرة 7 قانون الإقامة، تصريح الإقامة يجب أن يعلن من قبل سلطة أجنبية بعد القانون 25§ الفقرة 3 البقاء. ونظرا لهذا تصريح الإقامة "لمدة سنة على الأقل" (26§ فقرة 1 قانون البقاء). أنها قادرة بعد 73§، وتقاسم المنافع. 3 (قانون حق اللجوء الخاص)

تلغى المنحة من قبل حماية الترحيل إذا الظروف ليست معطاة.

طلب لاحق

تطبيق لاحق هو منطقي إذا أصبحت العلاقات أكثر سوءا في الوطن أو إذا كان اللاجئ مع أدلة جديدة التي تبرر طلبه للحصول على اللجوء. ويمنع الطلب اللاحق الترحيل فقط بقرار من المكتب الاتحادي.

قرار سلبي

إجراء رفض طلب اللجوء يمكن أن يكون مختلف. بسبب رفض بسيط من الممكن أساسا في ألمانيا تقديم شكوى ضد القرار لأجل البقاء لمدة أسبوعين والذي ينطوي على تأثير مفتوح الدفع، لأنه بعدها المحكمة الإدارية تجب التحقق من قرار المكتب الاتحادي. قضية أخرى هي إذا تم توقيع الرفض لأنه صحيح كاساس واضح. في هذه الحالة شكوى أو تناقض ليس له أي تأثير مفتوح الدفع. شكوى يجب أن تكون مقدمة هنا، مقيدة مع طلب لترتيب أثر مفتوح الدفع. ويجب تقديم هذا خلال أسبوع واحد بعد قرار ورفض المحكمة الإدارية. هنا قرار المحكمة الإدارية سواء كان يعطي تأثير مفتوح الدفع إلى التطبيق. لو أن هذا التطبيق تم منحه، يمكن الترحيل فقط بعد نهاية الإجراء. إذا تم اعطاءه من قبل رفض التطبيق كسبب وهمي، وهذا يعني أن إجراءات اللجوء التي يتعين الاستطلاع بها في بلد آخر (26§ على (قانون حق اللجوء الخاص))،

و القرار يبلغ للاجئين على الفور. في حالات خاصة موجودة، في هذه المناسبة، إمكانية لتقديم طلب للترخيص في الاستئناف. ثم هذا التطبيق صالح للمناشدة لكلا

الجانبين (اللاجئين، المكتب الاتحادي).

عضو في الأسرة

بشكل عام ينظم القانون إجراءات اللجوء التي تتلقى العضو المباشر للأسرة من مستفيدين اللجوء وفقا لاتفاقية اللاجئين الجنيفية وفقا لـ §26 لجوء الأسرة (تصريح الاقامة) وبالتالي أيضا بعد §§ 25، الفقرة 1، (قانون الاقامة).العثور على الاعتبار الحالي.

إذا تم تصنيف مستفيد اللجوء في ألمانيا كالمعزوين المحميين و إجراءات اللجوء الخاصة بك منظمة لفترة، بل هي مسألة تخص العديد بالعثور على وظيفة هنا في ألمانيا، من زيارة الجامعات، أو الانتهاء من المدرسة. تفترض هذه المحطة انك تظهر مستوى لغوي كافي / مستوى المعرفة وفقا للتقييم / نهاية الدورة التكاملية لمتابعة النشاط في الحياة اليومية. إذا بدأنا مع المتغيرات التي يجب اتباعها إذ يتم البحث على وظيفة في ألمانيا من قبل مستفيد اللجوء.

الوصول إلى سوق العمل

الوصول إلى سوق العمل ليست دائما سهلة للناس من بلدان أخرى. الصعوبة هنا تكمن في الحقيقة من جهة أنه في جميع المناطق ليست متاحة ما يكفي من الوظائف ، ومن جهة أخرى في ألمانيا يجب أن يثبت في كثير من الأحيان مؤهلات معينة إذا أحب شخص أن يحصل على العمل. ولذلك، فإن لاعتراف المهن المكتسبة في الخارج أهمية خاصة. شرط مهم لنجاح تكامل سوق العمل هي افتتاح الثقافات من المؤسسات والشركات التي تتم ترويج نفسها. هناك برامج مختلفة / ورش العمل التي تسعى ذلك بهدف إعداد المشاريع والشركات، ولكن أيضا الإدارة العامة لتغيير المجتمع. الهدف هو جعل مختلف مجالات العمل علنا لجميع الناس، بغض النظر عن الأصل واللغة والثقافة.

التقدير للغايات المهنية الأجنبية:

إذا تم الحصول على مهنة في الخارج يجب أن تدخل المؤهلات في سوق العمل الألمانية، المكتب الاتحادي للهجرة واللاجئين يدل على مركز جيد. خط ساخن أنشأ الذي يقف بسرور مع الأقوال والأفعال جانبا إذا كان عن الأسئلة في جميع أنحاء العمل والحياة في ألمانيا. يقدم مكتب الاستشارة الأول إلى الاعترافات بالمهن الأجنبية. يتم الوصول الى الخط الساخن تحت رقم الهاتف التالي +49 30-1815-1111. في هذه المشاورات تتلقى بدلا من ذلك في اللغة الألمانية أو الإنجليزية المعلومات الأولى حول الاعترافات المهنية الأجنبية في ألمانيا.

و BAMF يحاول أيضا لمعرفة الجهة المسؤولة عن إجراء الاعتراف في مهنة معينة. الاعتراف بالمؤهلات المهنية الأجنبية خطوة هامة لتحقيق التكامل المهني. منذ 1. أبريل 2012 المهاجرين لديهم إمكانية السماح بالمقارنة لمطالب هذه المهن في ألمانيا. هذا أمر مهم خاصة إذا كانوا يريدون ممارسة مهنة متقنة في ألمانيا. "المنظمة" تعني أن مهنة لا تجوز أن تمارس دون إجراءات ترخيص الدولة ودون اعتراف من التأهيل المهني لها. ، وكان من بين البقية، في ألمانيا تنظم المهن في القطاع الصحي والقطاع التعليمي. في المهن غير المنظمة أي اعتراف رسمي خاص ضروري ليسمح للعمل. (على سبيل المثال، كموظف في تجارة التجزئة أو كعالم المعلومات). عند هذه النقطة يمكن أن ينطبق أيضا دون فحص المؤهلات في سوق العمل. شيك من مؤهلاتك يمكن أن يكون له معنى، على الرغم من ذلك، حتى أن صاحب العمل يمكن تقدير أفضل مؤهلاتك. جنسياتهم ليست ضرورية لهذه العملية. أنت أيضا لا تحتاج إلى تصريح إقامة. ويمكن أن يقدموا طلبا حتى لو كانوا لا يعيشون في ألمانيا. يجب أن يكون لديهم مهنة مكتسبة في الخارج وإثبات أن لديك نية للعمل في ألمانيا. وبالإضافة إلى ذلك يمكنك العثور على مزيد من بقية المقال على شبكة الإنترنت ضمن http: // شبكة الاتصالات العالميةAnerkennung-in-deutschland.de .

اجراء الاعتراف

إذا تم الحصول على الاعتراف المهني في الخارج ، وهذا بالمقارنة بناء على طلب للمهنة الألمانية. لتقديم الطلب، يجب على المتحمسين الذهاب إلى المكان الذي هو المسؤول عن النقابة المهنية. بعد تقديم المستندات، يتم فحص ما إذا كانت الاختلافات الأساسية بين وجود في الخارج مهنة مكتسبة و مهنة ألمانية.

إذا كان هذا هو الحال، يتم فحص ما إذا كانت الاختلافات يمكن تعويضها عن طريق البراهين الأخرى أو الخبرة في العمل أو يمكن أن تحدث في حالة التخرج ذو قيمة بما فيه الكفاية لتحليل التأهيل ، حول عينات من العمل أو المناقشات. إذا تم تأكد فقط الخلافات الهامشية بين المؤهلات العلمية والنهاية الألمانية، ويتم اعتماد معادلة بأكملها أو تعطى مع المهن الخاضعة للتنظيم والترخيص المهني. إذ في الإجراء يتم التأكد من اختلافات جوهرية بين مؤهلات خارجية، والنهاية المهنية الألمانية، يتلقى مقدم الطلب جوابا التي تم وصفها هذه الاختلافات في المهن غير المنظمة. مع هذا وضع التطبيق يمكن أن تنطبق مباشرة مع أصحاب العمل أو اختيار التعليم المستمر المناسب بشكل فردي لأنفسهم. مع ما يسمى المهن المنظمة أنها يمكن أن تعوض الاختلافات. وفق الحقل المهني لوحة التطبيق يجب أن تأخذ جزء لها بعد ذلك في قياس التأهيل أو الاختبار التقني. لهذه نتيجة الإجراء إلى ما يسمى رسوم التفتيش ورسوم الإنفاق. يتم إصلاح هذه من قبل الإدارة المسؤولة في كل حالة. لهذا السبب، ومع ذلك، ينبغي على مقدمي الطلبات معرفة مسبقا قبل وضع التطبيق عن التكاليف المتوقعة. يجب أن يتم الإعلان عن لوحة تطبيق بحث العمل أو تغطي المنافع الاجتماعية والتكاليف التي يمكن اتخاذها على ظروف معينة من أماكن الدولة.

عقد التوظيف

إذا كنت تقف قبل وقت قصير من توقيع أول عقد العمل الخاص في ألمانيا، يجب أن تعرف هذه الشروط الهامة لتنظم عملك. عقد العمل يمنحك شروط أساسية للعمل في اليد ويشكل قاعدة للتعاون في الغالب على المدى الطويل. يقدم عقد العمل نظرة ثاقبة في علاقة رب العمل في المستقبل لموظفيه. إذا تم وضع علامة عليها الاحترام المتبادل، فإن العقد لا يسقط حصرا للأحمال الخاصة بك. ينظم عقد العمل اذا كان يعمل بصورة جيدة ليعطي قوانين العمل في ألمانيا الشروط الأساسية. ومع ذلك، مع عقد العمل القائم على حرية إنشاء واسعة من صاحب العمل الذي يقتصر، على الرغم من ذلك، من خلال القوانين ذات الأولوية واتفاقات الأجور ويحاول بالفعل بالتالي إنشاء لحماية أضعف واحد من كلا الطرفين، الموظف. إذا بنود العقد لا تفي بأقل المعايير القانونية، حتى لو وقع كلا الجانبين. ينظم القانون الاتحادي المطالبة بعطلة إن لم يكن بالفعل على العقد عقد معدل أو العمل ويهدف لائحة أكثر مواتاة للموظفين. يجب أن يتم تسليم عقد العمل في أواخر الشهر واحد بعد بداية العلاقة بين صاحب العمل ويتم التوقيع من قبل الطرفين. عادة تؤخذ كل نقطة والتي يمكن أن يكون لها أهميتها في مسار العلاقة بين صاحب العمل. عند هذه النقطة فإنه يساعد على استخدام الصياغة الدقيقة لتجنب المفاجآت غير المرغوب فيها. وهناك نقطة لها جوهر لجميع الأطراف هي الأجر أو الراتب. هنا ومن المفضل أن يوجد عقد عليها في كتابة وليس فقط تسديد المتفق عليه، ولكن للإصلاح في الكتابة أيضا ارتفاع مثالي بعد انتهاء الفترة التجريبية. يجب أن تهم مع العقد والراتب المتفق عليه، التصنيف يجب أن يتم استدعاءه في مجموعة الأجور.

ساعات العمل

في ألمانيا ساعات العمل القصوى في الأسبوع، على متوسط كمية 48 ساعة. الحد الأقصى لساعات العمل محدودة من الناحية القانونية. عادة ما تكون ساعات العمل المتحكم بها من الاثنين حتى الجمعة . يسمح قانونيا العمل في كل يوم من أيام الأسبوع (الاثنين إلى السبت) تماما كما أن عمل الليل وعمل الطبقة مسموح قانونيا. في بعض المناطق، كما هو الحال مثلا في الخدمات الصحية أو في التجارة والمطاعم وخدمات النقل، ويسمح العمل أيضا يوم الأحد وأيام العطل،

لأن التوازن يحدث هناك وفقا لقائمة.

العطلة

الذي يعمل خمسة أيام في الأسبوع، لديه حق قانوني إلى ما لا يقل عن 20 يوم عطلة في السنة. الشباب تحت سن 18 لديهم استحقاق قانوني لعطلة أطول من أسبوع واحد لمدة خمسة أيام. للسن الأقل من 16 عاما صالح هنا أخذ ما لا يقل عن 25 يوم، أقل من 17 عاما على الأقل 23 يوما وأقل من 18 سنة صالح 21 يوما على الأقل.

المرض

هل يجب أن تكون مريضا كموظف، يدفع صاحب العمل الخاص بك خلال 4 أسابيع راتبك الكامل، بشرط أن تكون خارج من الفترة التجريبية، وكنت قد قلت انك مريضا بشكل صحيح. إذا كنت أطول من أربعة أسابيع مريضا و مأمن عليه من الناحية القانونية، يدفع لك نظام التأمين الصحي 70 في المئة من أجرك. نظام التأمين الصحي يدعو هذا التوازن ما يسمى إعانة المرض. ومن المهم، ولكن مع هذا التوازن الذي كنت تعلن لصاحب العمل الخاص بك على الفور إذا كنت مريضا. يجب أن تكون مريضا أكثر من ثلاثة أيام، ويجب أن تكون قد قدمت في موعد أقصاه اليوم الرابع على شهادة من الطبيب (شهادة) لصاحب العمل الخاص بك. ومع ذلك، يحق لصاحب العمل أن يطلب منك تقديم شهادة طبية أيضا في وقت سابق.

نصيحة مع اخطارات المرض

نصيحة هامة للقادمين الجدد في ألمانيا هو أنه يجب أن لا نقول في ألمانيا لصاحب العمل المرض الذي لديك. هذه المعلومات مغلوبة في هذا البلد من القسم الطبي السري، وبالتالي، لا تقف أيضا على الشهادة التي تحصل عليها من الطبيب لو كنت هناك.

الحماية من الفصل غير القانوني

في المؤسسة مع أكثر من عشرة موظفين وموظفات مسموح في ألمانيا حماية ضد قانون الفصل غير القانوني الذي يحمي ضد إشعارات اجتماعية غير مبررة.

على سبيل المثال، يعمل أعضاء اللجنة والحوامل والأمهات الذين يقفون في علاقة صاحب العمل والموظف حتى انقضاء أربعة أشهر التمتع بحماية خاصة من الفصل غير قانوني بعد الإعفاء، والموظف في وقت الوالدين وشديدي الإعاقة .

كلما كنت تعمل في شركة وقت أطول، وعلى المدى القانوني من الإشعار وحتى أيضا إذا كان صاحب العمل أوقف في العلاقة بين صاحب العمل والموظف. ويمكن أيضا أن تنشأ عن اتفاق الأجور ليتم تطبيقها.

توجيه / الضرائب

في ألمانيا يجب أن تدفع ضريبة على الدخل كله. كيفية دفع الضرائب، يعتمد على ما إذا كانت تعمل بشكل متعاقد أو بشكل مستقل.

كموظفين أو موظف تتلقى من صاحب العمل مبلغ صافي الدخل الخاص بك ينقل على حسابك. ثم صاحب العمل قد سحب بالفعل من نظام التقاعد والتأمين الصحي والتأمين ضد البطالة وضمان التمريض من راتبك ودفعت مباشرة. وعلاوة على ذلك، ضريبة الأجور، ضريبة التضامن وممكن ذهبت تكاليف الكنيسة- بالفعل إلى مكتب الضرائب. كمستقل أو مستقلة، يجب أن تدفع ضريبة على أنفسكم.

في كثير من الأحيان يتم أخذ عمل غير قانوني في الاعتبار بخروج واضح لإجراءات اللجوء أو بقلة الإمكانات المالية. أساسا ممنوع نموذج العمل غير القانوني / التوظيف غير القانوني في ألمانيا. عندما التوظيف غير القانوني الذي لم يعلن من قبل صاحب العمل ويحصل على المال مباشرة بعد القيام بعمل الضريبة غير المسددة على شخص. العمالة غير القانونية تعني فورا من الناحية القانونية عدة جرائم في نفس الوقت.

العمل غير القانوني ونتائجه

في ألمانيا هناك الشروط الأساسية التي يجب الوفاء بها بحيث الشخص يمكن أن يعمل بطريقة قانونية. في التالي موصوف بعض المبادئ و النتائج للعمل غير القانوني.

العمالة غير القانونية

العمالة غير القانونية هي ممارسة خدمات أو إنجازات العمل في إطار جريمة ضد حق الضرائب، ضد حق الضمان الاجتماعي، تحت تجنب الالتزامات إخطار ينطوي مقارنة مع السلطات وحاملي الاجتماعية. بشكل عام يصبح كشخص فعال مستقل شريطة أن يكون السجل التجاري أو التسجيل في دور الحرفية حدث. إذا لم يتم هذا التسجيل وهذا على الرغم من أن المهنة أو الحرفة تمارس، شخص يتحدث عن العمالة غير القانونية. والعمالة غير القانونية صالحة في ألمانيا كجزء من الاقتصاد الأسود غير القانوني. وكقاعدة عامة يتم الاتفاق على العمالة غير المشروعة عن طريق الفم ويتم دفع الأجور بشكل نقدي. حيث لا يوجد مساعدة وظيفية غير قانونية من قبل أفراد أو شركاء الحياة، وكذلك مساعدة الجوار.

القانون الجنائي

وينظم القانون الجنائي العمالة غير القانونية الراسخة في القانون لقتال العمالة غير القانونية والعمل غير القانوني (قانون العمل المعركة ضد العمل غير قانوني

-). §9 تنظيم من المنافع الاجتماعية في اتصال مع أداء الخدمات أو عمل الإنجازات. من ارتكب واحدة في §8 الفقرة 1 رقم 1 حرف A، B أو C يسمى حدث وأسباب لحقيقة أن يتم منح إنجازا له وفقا لقانون يسمى ظلم، يعاقب بالسجن فترة تصل إلى ثلاث سنوات أو بغرامة، شريطة أن يكون العمل غير مهدد §263 من القانون الجنائي مع العقاب.

تصنيف الضرائب من العمل غير المشروع

يتم توجيه تصنيف الضرائب من العمالة غير القانونية بعد ما إذا كان مستقل (رجال الأعمال، مستقل) أو غير مستقل (موظف). في المجالات القانونية المتضررين منه هي ضريبة، والعمل، وحق الضمان الاجتماعي. في المناطق المعنية وتحديد العقوبات الضريبية بشكل مستقل. إذا كان العمل غير المشروع هو موظف، فقط صاحب العمل لديه واجبات جنائية. ولا سيما صاحب العمل واجب عليه الإعلان عن الضرائب واشتراكات الضمان الاجتماعي ويؤدي بعيدا إذا كان قد امتهن شخص. والمسؤولية الجنائية تقابل الموظف، ولكن عندما كان يشارك في التهرب من عمليات التسليم. الكل ينظر إلى الاستقلالية بشكل مختلف قليلا. تلتزم هذه أنفسهم إلى شرح الضرائب المختلفة (ضريبة الدخل، وربما فرض ضريبة التجارة وضريبة المبيعات).

يجب عليها أن تعلن عن بداية نشاطها، لذلك، سواء في سلطة التجارة (§14 لوائح التجارة) أو مع مكتب الضرائب (§138 (قانون الضرائب) .(لو جعلوا الاستقلال بالمقارنة مع السلطات الضريبية بيانات كاذبة أو لا يوجد تنقيات التسجيل الضريبي أو تفسيرات إيصال ما، على الرغم من أنهم مضطرون لذلك، فإنها يمكن أن يحاكم بتهمة التهرب الضريبي (§AO370).

يتم إعطاء العمالة غير القانونية لنشاط مستقل أو غير مستقل مقابل مكافأة مالية

يتم اتباعها وإعلان قانوني ولا يحدث التسجيل لدى الجهات. لم يتم بالتالي الزام دفع الضرائب واشتراكات الضمان الاجتماعي. وهذا يؤدي في النتيجة مع مكاتب الضرائب إلى خسائر كبيرة الفشل، وكذلك في التأمين الاجتماعي. لتكون قادرة على تحديد العمالة غير القانونية، وللمنع، فان قانون القتال ضد العمالة غير القانونية والعمل غير المشروع في عام 2004. وتهم العمالة غير الشرعية إلى جانب الدعارة وتجارة المخدرات وتجارة الأسلحة غير المشروعة إلى الاقتصاد الأسود. وهي واسعة النطاق خاصة في مباني، تجارة التنظيف والتجارة والنقل وكذلك في تجارة الطعام.

متى تعطى العمالة غير القانونية في ضوء السلطات؟

يتم إعطاء العمالة غير القانونية، إذا

- مارست التجارة ولم يتم منح أي سجل تجاري. وتهدف هذه العملية التجارية في النشاط الدائم الموجه إلى الربح.

- يمارس حرفة بشكل مستقل، على الرغم من أن لم يتم إعطاءه شهادة الماجستير أو الإدخال غير موجود في دور الحرفية. غياب أوراق كافية لتحديد النشاط باعتباره عمالة غير القانونية، بغض النظر عن واقع، الى ما مدى الضرائب أو اشتراكات الضمان الاجتماعي التي يتم تنفيذها.

- نشاط يندرج في إطار معايير استقلال زائف.

- العاملين الأجانب يتم امتهانهم بطريقة غير قانونية.

- ويتعين على الأجانب أن يعملوا على الظروف غير المواتية أكثر من الألمان

- إنجازات البطالة، كيف يتم تغطية ALG(اعانات البطالة) الاول أو ALG الثاني، وبالإضافة إلى ذلك، هو كسب المال دون أن يبين هذا أو الإعلان عن فرص العمل أو مؤسسة وجود في الوكالة الاتحادية للعمل

- الانهماك في الوقت الجزئي الذي يتبع هذا النشاط الذي لا يمكن إضافة أي أكثر من العمالة . في الأساس لا يجوز عمل خلال مرحلة الإعفاء في نموذج الكتلة.

- يعمل طالبي اللجوء خلال إجراءات اللجوء لها دون الحصول على موافقة.

- العمال يعملون دون حساب، وبالتالي ضريبة القيمة المضافة لم يتم دفعها.

لا تمنح العمالة غير القانونية، إذا

- عمليات التجارة تصبح متبعة بشكل متقطع، على سبيل المثال المبيعات خاصة في موقع اي باي

- العمل لحسابهم الخاص و تم أعلان هذا النشاط إلى مكتب الضرائب.

- الأعضاء وشركاء الحياة ينتجون مساعدة.

- انجازات مشتركي ALG(اعانات البطالة) الأول و الثاني ALG يعمل أقل من 15 ساعة في الأسبوع، وأعلنت هذا في وكالة للعمل. ومع ذلك، ينسب الدخل لإنجازات ALG.

- يتم تنفيذ مساعدة الجوار. المفضلين يحصوها لا لأحد أو انخفاض الأجور التي تهدف ليس للربح، ولكن للتبادلية. لا تعطى التبعية بين العامل وصاحب العمل.

- وتتنافى مع قانون العمال أو استسلام الموظف. هذا خرق للقانون أو جرائم جنائية

- الاشخاص المستقلين الذين يتلقوا دعم الأساس أو مدخل المال وعملوا في هذا الوقت فقط لمبدأ.

- مع الأنشطة الفخرية

الإعلان عن فرص العمل لتجنب الاستخدام غير

القانوني

1. توظيفات طفيفة، لذلك سوف يتم الاعلان عن أعمال صغيرة من قبل صاحب العمل مع مقر العمل المصغر. هذا يستلم خطوة اشتراكات الضمان الاجتماعي، ضريبة شاملة للجميع والتأمين ضد الحوادث

2. العاطلين عن العمل تعلن أنشطتها في الوكالة الاتحادية للعمل

نتائج التوظيف غير القانوني

1. ليس دخول الأعمال الصغيرة في المنازل الخاصة يعامل على أنه خرق للقانون

2. مع مشتركين إعانات البطالة اتباع العمالة غير القانونية ويمكن البدء في إجراء بسبب خداع الصالح الاجتماعي. إعانات البطالة الظالمة ستدفع.

3. مع العمالة غير القانونية الشخص يجعل نفسه بالتهرب للعقوبة من دفع الضرائب

4. من يتم نقله إلى العمالة غير القانونية، هو صحيح كما أدين سابقا. غرامات محتملة تصل إلى 300،000 يورو و السجن يصل إلى 3 سنوات

5. أجانب يعملون بطرق غير مشروعة بعيدا

6. العمل غير المشروع لطالب اللجوء يحصل على غرامة. و صاحب العمل متهم بالتهرب من دفع الضرائب، جريمة تسليم وتوظيف الأجانب دون تصريح عمل، ويجب الاعتماد على غرامات وعقوبات بالسجن

7. الاستقلال الكاذب يجب ألا تعول على العقوبات، ولكن أداء كقاعدة مبالغ إضافية مع التأمينات الاجتماعية

السيطرة على العمالة غير القانونية

يستمر القتال من العمالة غير القانونية من قبل الإدارة الاتحادية التي يحق له التحكم في المؤسسة. في المنازل الخاصة قد لا أن يتم التحكم بها. لم تتابع المعلومات مجهولة المصدر في المجال الخاص.

الاجرائات مع الضوابط

1. يصبح عادة لنصائح لشبهة العمالة المهنية غير الشرعية اتباعها. وكثيرا ما تتم غارات عظيمة إذا امتهن الأجانب بطريقة غير مشروعة غالبا حكمت عليهم بالساعات المنخفضة ولا تقاد أي من مساهمات الضمان الاجتماعي بعيدا.

2. متطلبات وفحص الأوراق اللازمة، مثل تصريح عمل وإذن إقامة، وبطاقات الهوية. يتم فحص أيضا ما إذا كان يتم تغطية المنافع الاجتماعية مثل التقاعد أو إعانة البطالة، أو تعطى استقلال زائف. مع الأجانب شيء واضح ، إلى أي مدى يحق لهم العمل في ألمانيا

نصيحة! :

الاعلان عن وظائف صغيرة مثل أعمال صغيرة لا يأتي بشكل عام إلى الاشتباه في العمالة غير القانونية، يجب عليك أيضا السماح لجعل أنفسكم مع الأنشطة على الممتلكات الخاصة أساسا الشيكات أو المعارض. للعمل به فإنه من المستحسن أن تجعل من الشيكات خالية من ضريبة المبيعات وإعطاء هذا الدخل في الإقرار الضريبي الخاص بك. لأن ضريبة المبيعات هي التي ستدفع فقط من مبيعاتها السنوية أكثر من 17500 €، لا تزال تصل إلى هذا المبلغ معفاة من الضرائب. عن طريق المحلات التجارية خاصة في الربح قد لا تصل أكثر من 512 يورو في السنة. لا تزال أرباح سنوية تصل إلى 410 € أساسا معفاة من الضرائب. مع الأنشطة الجزئية للمؤسسات العامة والمؤسسات التعليمية والمرافق الخيرية يسمح لكم ما يصل الى 1. 848 € في اضافة كسب العام دون مساهمات الضرائب أو الضمان الاجتماعي على الدفع. إذا كنت ترغب في العمل بوصفه الشخص العاطل عن العمل مؤقتا أكثر من 15 ساعة في الأسبوع، يمكنك ببساطة اعلان الرحيل من البطالة لهذه الفترة. إذا كنت تعمل كمستقل، يجب عليك ان تجعل حكم يتعلق بالضمان الاجتماعي، وأيضا بشأن التأمين الصحي. بعد النشاط الخاص بك يمكنك الاتصال مرة أخرى بالعاطلين عن العمل ومن ثم الحصول على الإنجازات التي حصلوا عليها قبل العمل.

بجانب الحقوق الأساسية وحقوق اللجوء والهجرة السياسية وكذلك محتويات المتعلقة بقانون العمل جانبا هاما هو السلوك الصحيح لاستئجار شقة أو منزل في ألمانيا.

هنا يوجد بعض الأشياء لمتابعتها التي ليست ربما عادة في كل بلد من بلدان العالم. في ألمانيا يستدعى أمن / إيجار في المستأجرين من الطريقة الكلاسيكية في بداية عقد الإيجار. في المعظم ينطبق هذا الأمن للمستأجر إلى ثلاثة إيجارات صافية. يتم تسجيل أمن الإيجار في عقد تأجير ويقام على كتابة، كما أن بنود الإشعار الذي يشير اليها في قانون العقود وحق الايجار في الغالب إلى ثلاثة أشهر. إذا كنت لا ترغب في استئجار شقة كمستأجر بعد الان، يجب أن تعلم أنه لا بد من تقديم إشعار عادة أ حتى 3 أشهر اخرى إلى تكاليف الإيجار. جانب آخر، لمتابعته، وللحفاظ عليه، انه من الصالح ترك مساحة الإيجار بالتسليم. عادة احتفال مشترك مع المستأجر يحدث من قبل تسليم المفتاح في بداية الايجار. هذا

يستغرق دقائق حول حالة الشقة. هذه الحالة المسماة هي عن طريق إعادة التسليم مع التأجير. في ألمانيا غالبا ما يكون من المعتاد إذا كان أحد يستلم, على سبيل المثال، شقة مطلية حديثا بالأبيض حيث شخص يريد الاستخراج من الشقة من جميع الجدران في الشقة غلى نفقته الخاصة، حتى أنه في حالة التجديد وكذلك فقط باللانتقال الى الشقة، الشقة يمكن أن تستلم مرة اخرى من المستأجر. في الجوانب الأساسية التالية من حق الايجار المشار اليها في ألمانيا التي لا بد للشخص من أخذ الاعتبار إذا كان أحد تورط في الايجار.

الإيجار اعتباري

عقد تأجير في ألمانيا هو ترتيب متبادل للاستخدام العرضي للمساحة المعيشية والمساحة المفيدة ضد المكافآت التي يتعهد المستأجر لمنح استخدام شيء ايجار من قبل الآخرين للمستأجر، في حين أن النظر في المستأجر موجود من قبل دفع الإيجار المتفق عليه. أشياء الإيجار المحتملة هي الأشياء المنقولة والغير متحركة أو مجموعات (أيضا جدار البيت كسطح الإعلان). قوانين القانون المدني صالحة في حق الألماني للتأجير في القسم §§535 إلى A580.

إشعار

عموما فترة الإشعار للمستأجرين و المؤجرين ثلاثة أشهر في نهاية الشهر أقل فترة انتظار ثلاثة أيام. ترتيب اشعار لمدى طويل للمستأجر غير مقبول.
للمستأجرين مدة الإشعار يبلغ أيضا ثلاثة أشهر. بعد خمس سنوات من تأجير لنفس الطرف انه قابل للتمديد لمدة ستة أشهر، وبعد ثماني سنوات لمدة تسعة أشهر (§573 C القانون المدني).

أمن الإيجار

في عقد تأجير مساحة المعيشة يمكن الاتفاق بكفاءة أن المستأجر يوفر أمن الإيجار، بالعامية أيضا استئجار الأمن للمستأجر. انها تخدم أمن جميع متطلبات الحاضر بسبب عقد الإيجار من المستأجر. المؤجر لا يمكنه أن يطلب أكثر من

ثلاثة إيجارات الشهر الصافي (بدون تكاليف إضافية) كضمان، ويجب أن يضع عليهم جزء من ملكيته الخاصة (§551 القانون المدني).

ارتفاع الإيجار

الإيجار هو أن تدفع أساسا من الارتفاع المتفق عليه. لأن عقود الإيجار عن مساحة العيش يجوز إيقافها من قبل المؤجر ليس من دون سبب مقنع، حق الايجار قد خلق إمكانية للمؤجر لأن يتفاعل مع ارتفاع الإيجار للتغيرات الاقتصادية ولتغيير في هذا الصدد محتويات عقد التأجير معه في اطار منظم قانونيا من جانب واحد أن ارتفاع الإيجار مسموح لأسباب اقتصادية في إطار ملائم. يسمح للارتفاع الإيجار قانونيا إذا، على سبيل المثال،   التكيف مع مقارنة الإيجار المحلي-العرفي قد نفذ أو إذا أجريت تحديثات في المنزل أو في الشقة . ارتفاع الإيجار للتكيف مع مقارنة الإيجار المحلي-العرفي بعد §558 القانون المدني يعطي للمستأجر إمكانية رفع الإيجار على مقياس محلي-عرفي. لم يملك المستأجر إمكانية إجراء غرف الإيجار المرتفعة المتفق عليها. فإن المستأجر سيشير إما إلى الشقق المقارنة أو إلى مرآة الإيجار المحلية. وإذا نظرنا إلى المدن كما هو الحال مثلا في برلين أو هامبورغ مع مرآة الإيجار المعتمدة، بسبب ارتفاع الإيجار المفروض. في الواقع، المؤجر محدود في هذا الصدد عندما انه قد لايرفع القانون المدني في غضون ثلاث سنوات بأكثر من 20 في المئة مع ارتفاع الإيجار بعد §558. في التجمعات السكانية مع النقص في المساكن هناك تكون بعد تغير حق الايجار الموضعي 15 في المئة. وهكذا تشكل ارتفاع الإيجار رسميا أن المؤجر يحق ضد المستأجر للموافقة للارتفاع في الإيجار الذي يجب عليه أن يؤكد إذا لزم الأمر، شكوى من المحكمة بعد فترة ثلاثة اشهر وبعد موافقة المستأجر. بعد §557 Bالقانون المدني فان أطراف العقد يمكن أن تتفق خطيا على أن الإيجار يتم تحديده من قبل مؤشر أسعار المستهلكين والتحقق من قبل مكتب الإحصاء الاتحادي في ألمانيا لمنصب الحياة لجميع الأسر الخاصة في ألمانيا.

في هذه الحالة شخص يتحدث عن مؤشر الإيجار . خلال فترة سريان هذا الترتيب يتم استبعاد زيادة الايجارات الاخرى، الاستبعاد من التحديثات يعمل على منزل وشقة. إذا كان المستأجر ينفذ تدابير التحسين السكنية، يمكنه أن يضع هذا على المستأجرين. وينظم هذا الحق بعد §559 القانون المدني. في التعويض هذا قد

يعني أن يتم احتساب 11٪ على تكاليف الشقة سنويا بالإضافة إلى الإيجار بالإضافة إلى ذلك. إذا كان أحد يريد حساب الزيادة الشهرية، يجب أن تقسم هذه القيمة على 12. هذا الشكل من ارتفاع الإيجار ليست موافقة معدمة، بحيث تفسير رسمي للمؤجر غير كافي للإعلان عن ارتفاع الايجار.الايجار المرتفع مستحق من بداية الشهر الثالث بعد الوصول لشرح عن الارتفاع. يجب التمييز بين ارتفاع الإيجار من قبل سداد التكاليف الإضافية مع الإيجار الصافي.
المستأجرين جعلوا هذا الحقا استخدام عندما أثبت الحساب السنوي للعام السابق أن تقدم المستأجر قد غطى التكاليف إضافية لا يكفي.

انخفاض الايجار

انخفاض الإيجار صحيح من الناحية القانونية إلا إذا الإيجار لديه نقص أو لا يظهر نوعية مضمونة وغير مستحقة، وبالتالي، فقط ايجار قصير. مع خطأ أو عدم وجود شيء الإيجار وتضاءلت الإيجارات تلقائيا بعد 536§ القانون المدني. وهذا يعني أن انخفاض الإيجار يجب أن لا يطبق ولا تتم الموافقة. المستأجر لا "يقلل" من الإيجار، ولكن يقصر دفع الإيجار لأن الإيجار قد تضاءل على حساب القانون. انخفاض الإيجار القانوني هو في كثير من الأحيان متنازع عليه بين المؤجر والمستأجر.

أي ظروف يجب الوفاء بها لأن تكون قادر على تبرير انخفاض الإيجار من جانب المستأجر: لا يجب أن يكون النقص غير مهم، النقص لم يكن بسبب عدم وجود مسئول من قبل المستأجر، المستأجر لا علم له بوجود النقص من قبل توقيع العقد وانه لم يبق غير معروف له عن اهمال عملية التفتيش.

يتم استبعاد لانخفاض الإيجار إذا كان المستأجر يعرف النقص بنهاية العقد أو قد بقي النقص غير معروف للمستأجر مع نهاية العقد بسبب اللامبالاة ولم يخبأ المؤجر النقص بوعي. يتم استبعاد الانخفاض أيضا إذا عرف المستأجر بوجود النقص بتسليم الشقة ولم يحتفظ لنفسه بحقوقه مع القبول أو إذا كان المستأجر للنقص قد ظهر خلال فترة الإيجار، لم يسجل المؤجر فورا ويمكن أن يأخذ المؤجر، وبالتالي، لا إجراءات تصحيحية. الحق في تقصير من دفع الإيجار للمستأجر، ولكن، أيضا إذا تم تأكيد صفات شيء الإيجار من جانب المؤجر والتي لم تصل حقا أو توجود.

هذا هو، على سبيل المثال، الحالة إذا كان المستأجر يؤكد مع نهاية العقد انه يريد تنفيذ تدابير معينة في المنزل أو على الممتلكات أو في الشقة التي ترفع القيمة السكنية. الحق في تقصير الإيجار لا يمكن استبعاده بعقود تأجير مساحة المعيشة، وكذلك مع عقود تأجير التجارة عن طريق التعاقد. إذا كان ينبغي تقصير الإيجار بسبب النقص فان ارتفاع الانخفاض يجب أن يحدد. يتقلص الإيجار تلقائيا لمدة الخلل، والمستأجر يجب أن يستئنف بعد وقوع إعلان خاطئ تجاه المؤجر فقط إلى حق انخفاضه وإعطاء أسباب وهو محمي بالتالي. لإزالة الخطأ وقت كاف يتم وضعه للمستأجر. ويحسب هذا على وجود نقص ملموس. والأحكام القضائية السابقة تسمح في حالات معينة تقييم ارتفاع الانخفاض. الأحكام من هذا النوع مقبوضة في نقصان الجداول . أساسا يكون صحيح أن المؤجر للمستأجر قد لا يعطي اشعار للانخفاض وهذا أيضا صحيح إذا كان الانخفاض مرتفع جدا في النتيجة. إذا كان المستأجر يقصر الإيجار بسبب نقص الإيجار بارتفاع الذي يقع عليه ما يناسب قضاة المحكمة ، مبالغ إضافية تهدد المستأجر.

الواجبات التعاقدية الأخرى في عقد تأجير

في عقود التأجير تنظم الواجبات التعاقدية الأخرى في الغالب أيضا، كما هو الحال مثلا إصلاحات الزخرفية، والحيوانات الأليفة، وتنظيم اسبوع للنقل المقاصة الثلجية، واستخدام المرافق العامة، وفترات الراحة مماثلة، تعاون المتبادل.

الحيوانات الأليفة

في الأساس نسبيا أن الحيوانات المحلية تكون في شقق بموافقة المستأجر. وكقاعدة عامة فإن هذا يجري تنظيمها في عقد تأجير. في حق الايجار ليس هناك ادعاء في المساواة في المعاملة بين جميع الإيجارات. ما عدا أن الحيوانات الصغيرة خالية من الإذن، مثل الأسماك في أحواض السمك وطيور الغرفة، القوارض الصغيرة (الفئران، والفئران البيضاء والأرانب البرية).

شكل مكتوب مع عقد تأجير

عقود التوظيف عادة ما تكون مغلقة في الكتابة. اذا كان مغلق لوقت أطول من مدة عام على شكل لم يكتب، فهو ساري المفعول لفترة غير مؤكدة بعد 550§ ص. 1 من القانون المدني). ثم هذا يؤدي على وجه الخصوص إلى إمكانية إشعار عادية قبل مدة الإيجار الثابتة. في حالة وجود العقد على ورقة فضفاضة، الاساءات ليس ضد الشكل الكتابي، لأنه بعد 126§ القانون المدني ليس من الضروري أي علاقة مادية للأوراق المنفصلة من الوثائق إذا نشأت وحدتهم من الترقيم التسلسلي أو الاتصال بالنص أو علامات المقارنة الغير مشكوك فيها.

التوقيع

لا يجب أن تكون التوقيعات على المؤجر والمستأجر على نفس النسخة. ويكفي أن يقبل كل طرف نسخة من علامات أخرى للاتفاق على الترتيبات التعاقدية. من المهم فقط أن الأمر يتعلق بنسخ متطابقة.

شهادة ايجار حرية الدين

وغالبا ما يتطلب المؤجرين تقديم شهادة حرية إيجار الديون قبل نهاية عقد الاستئجار. وهذا يعني إثبات ذلك في الماضي أو مع المستأجر السابق قد لم تبقى ديون الإيجارات مفتوحة.

واجبات المستأجر:

الذي يستأجر شقة أو منزل في ألمانيا، يجب عليه الحفاظ على العديد من القواعد. هذا صحيح أيضا، وبصفة خاصة للحصول على عقود تأجير. ومنذ ذلك العديد من الحقوق إلى جانب المستأجر أو الذي بكونه محمي فان المستأجرين لديهم أيضا بعض الواجبات. من المهم أن تتبع هذه الواجبات لتكون خالية من مشاكل الإيجار.

! واجبات مهمة من المستأجر تجاه المؤجر تلخيص:!

1 دفع أمن الايجار

في بداية عقد الإيجاران المستأجر يقف في واجب لدفع أمن الإيجار. كميتها القصوى تصل إلى ثلاثة إيجارات الشهر ويجب أن توضع من جانب المستأجر جزء عن ممتلكاته. في الواقع، لا يجب على المستأجر أن يدفع بشكل مفروض الأمن كله في وقت واحد. لديه الحق في نقل هذه خلال الأشهر الثلاثة الأولى من الإيجار على نفس معدلاتها إلى المؤجر.

2. دفع الايجار بوقته

واجب رئيسي للمستأجر يتمثل في دفع ايجار منزله بشكل منتظم وفي الوقت المناسب. هذا هو أن تدفع في مثل هذه الطريقة أنها تأتي في وقت مبكر، على أبعد تقدير في يوم العمل الثالث من شهر واحد، مع المؤجر. إذ أصاب المستأجر هنا مهامه، انه يجب الاعتماد في أسوأ الحالات على إشعار فوري: إن المؤجر يمكن أن ينطق هذا إذا كان المستأجر لا يدفع مرتين واحدا تلو الآخر الإيجار أو جزئيا فقط وا إذا بقي الإيجار مبلغ أكثر من شهر واحد. أو عندما يكون الإيجار لفترة أطول لا يزال يتراكم بكمية تبلغ أكثر من عقدين من إيجارات الشهر. أيضا الذي يدفع الإيجار على غير وقته، يجب الاعتماد في ظل الظروف على إشعار.

3. العيوب تعلن

المستأجر ليس فقط لديه الحق أن المؤجر يزيل العيوب، ولكن أيضا واجب أن يعلن العيوب. إذا لم يفعل هذا، وبالتالي تنشأ هناك أضرار ثانوية، وانه يمكن ان يجبر في ظل الظروف حتى في الحصول على تعويض.

4. عمق التفكير وتجنب الضجيج

ينتمي التفكير المشترك إلى فرض رسوم المستأجر. وعلى وجه الخصوص مع موضوع الضوضاء ينبغي على المستأجرين الصاخبين أن يأخذوا هذا بعين الاعتبار. لا يوجد حق للاحتفال بصوت عال من وقت لاخر في الليل وأيضا

الموسيقى في حجم الديسكو ليست مرضية. أيضا إنها مسألة إظهار اهتمام لمصالح سكان البيت الآخرين: وهكذا، على سبيل المثال، الدرج ليس مكان لابقاء القمامة. خصوصا أن الجنح الثقيلة يمكن أيضا أن تستلزم هنا إشعار.

5. سكان جدد والتأجير من الباطن

على الرغم من ان المستأجر قد يتصور في أي وقت بدون إذن من مجيء زوار المؤجر والسماح لهم أيضا بقضاء الليلة. إذا كان الزائر يحضر، ولكن، بشكل دائم في المنزل، هذا يتطلب الحصول على إذن من المستأجر. مع المقابض على أن: هذا قد لا يرفض موافقته ببساطة دون سبب ، على سبيل المثال، في فترة رفيق الحياة يريد أن يدخل في الشقة.هي صالحة لعقود إيجار من الباطن: أيضا هذه هي عرضة للإذن، والمؤجر لا يمكن أن يتماشى مع هذا، ولكن إذا كان المستأجر لديه مصلحة مشروعة.

6. واجب التدفئة

المستأجرين ليس لهم فقط الحق في التدفئة ، ولكن واجب عليهم متابعة هذا أيضا. على الأقل حتى الآن عدم وجود أضرار نشأت. حيث أشكال العفن بسبب شقة سيئة أو غير مزودة بالتدفئة، أو تجمد حتى الأنابيب، المستأجر يمكن أن يكون مسؤولا عن الأضرار.

7. المنشآت و اعادة البناء

إذا كان المستأجر يريد تنفيذ منشآت أكبر و اعادة البناء في الشقة،ايسمح له فقطا بعد الحصول على إذن من المؤجر الذي يجب ألا يعطي هذا على أي حساب . هذا وارد حتى لو كان المستأجر يريد أن يعيد التطوير على نفقته الخاصة، على سبيل المثال، في حوض الاستحمام، وذلك لأن جميع المنشآت هي ملك للمؤجر. المستأجر يمكن أن ينفذ تغييرات أصغير مثل لون إنشاء الجدران، ومع ذلك، من دون مزيد من الاستفسار. أيضا النقل لتغطية الأرضيات الجديدة لا يثير أية مشكلة. في الواقع، يمكن للمؤجر أن يطالب أن يكون هذا التطوير في نهاية عقد الإيجار مرة أخرى، وبالتالي يتم استعادة الحالة الأصلية.

8. إصلاح ديكور

فقط إذا تم الاتفاق في عقد التأجير أن المستأجر هو المسؤول عن تصليح الزينة المعتادة مثل الرسامين وورق الجدران، يجب عليه أيضا أن يقوم بهذه الأعمال. في الواقع حتى عندما شرط التجديد صالح. إذا العقد يتضمن بندا غير صالح، على سبيل المثال، بسبب الخطة المتوسطة الأجل، لذلك يجب عليه أن لا يفسر هذه الأعمال. مثل هذه الشروط غير فعالة في الأساس، على كل حال يتم تسليم الشقة البالية من قبل المستأجر.

9. الارتداء المفرط

اذا كانت التجديدات ضرورية بسبب الارتداء العادي، المؤجر هو عادة مسؤول. هذا صحيح عندما تكون أرضية مغطاة بالسجاد توضع من قبله بعد عدة سنوات فهي قد أنهكت ويجب تجديدها. هذا يبدو مختلف عن الإفراط في الارتداء : إذا يوجد أرضية مغطاة بالسجاد جديدة وعالية الجودة بعد عام أو عامين، يجب على المستأجر أن يبقى بالأضرار.

10. حق التفتيش للمؤجر

المؤجر لا يمكن أن يرى ببساطة دون استشارة مسبقة في الشقة للمستأجر وفقا للحق. ومع ذلك، هذا لا يعني أنه لا يوجد لديه الحق في تفتيش الشقة. إذا كان لديه الأسباب، يحق هذا الحق له. ويمكن لهذه الأسباب أن تكون تعيينات التفتيش مع العملاء المحتملين والمشترين المحتملين أو الحرفيين. يجب أن يتم الإعلان عن موعد المستأجر، ومع ذلك، قبل أيام قليلة و أن يتم أيضا النظر في المصالح الشخصية أو المهنية للمستأجر. ثم، ومع ذلك، يجب على المستأجر أن يشير إلى تعيين الفراغ. فيما إذا كان حق التفتيش يحق للمؤجر دون مناسبة محددة في فترات زمنية متفرقة من عام حتى عامين لإقناع نفسه من حالة الشقة، لا يتم توضيح المحكمة العليا.

ماذا يمكن أن يحدث إذا كان شخص لا يبقي على الواجبات؟

1. الحذر

متى يجب حذر المستأجرين من المؤجر والمؤجر من المستأجرين ؟ والحذر هو أن يتم حذف الطلب، سلوك معين حيث يتناقض مع العقد. وكقاعدة عامة يمشي بحذر على رأس الخطوات القانونية الأخرى (على سبيل المثال إشعار أو شكوى على إغفال).

في حق الايجار يشرع كشرط لإشعار غير عادي لسبب مهم (§543 القانون المدني) فضلا عن إجراء لأمر قضائي بسبب استخدام مخالف لشروط الاتفاق (§541 القانون المدني) .

لا بد من الحذر تماما كما أن عقد التأجير أساسا ليس على شكل مكتوب، يمكن تفسيره أيضا عن طريق الفم (على الرغم من ذلك، لأن من الاحتمال الأفضل في المحكمة حيث نوصي التحذير المكتوب). عموما أن توجه الحذر للذهاب إلى جميع الأطراف المتعاقدة، الا اذا يوجد / N التي كانت بعنوان من قبل البعض للايصال. بين الحذر واتباع الخطوات مصطلح يجب أن يوضع دائما بعيدا مما يتيح للحذر لاخماد الفشل.

2. بنود اشعار منظم جيدا

المستأجرين لهم فترة الإشعار من ثلاثة أشهر، ويجب أن يعطي اشعار على أقصى تقدير إلى الثالث من شهر واحد، بحيث أن هذا يكون محسوبا للمصطلح.

بنود الاشعارات للمستأجرين تابعة لطول الايجار ـ تبدأ مع ثلاثة أشهر لمدة تصل إلى خمس سنوات مدة الإيجار وتسع أشهر من الإيجار البالغ من العمر ثماني سنوات.

في بعض الحالات إيجارات أقصر متوفرة، على سبيل المثال، من خلال اساءة المستأجر. في الغالب يجب أن يتم إرسال تحذير لأول مرة، إلا في هذه الحالات.

قبل شهرين من مدة الإشعار فان المستأجر يمكن أن يتعارض في كتابة إذا أعطيت حالات معينة صعبة ، على سبيل المثال، الحمل المتقدم والشيخوخة والتشرد الوعيد.

3. إشعار فوري

المؤجر يمكن أن يحذر دون إشعار إذا كان المستأجر هو في اثنين من التعيينات التابعة على بعضها البعض مع أكثر من مجرد ايجار شهري في التأخير.

وإذا دفع المستأجر أو تحول المكتب الاجتماعي من قبله تتولى الديون، الإشعار الفوري للمؤجر يصبح غير فعال.

هذا صحيح حتى لو كان المؤجر قد تقدم بالفعل بشكوى. في الواقع، يجب أن يكون التعويض بعد شهرين من تسليم العمل لحيازة المستأجرين البقايا تصل بعدها إلى اخر سنت، ثم يزول الاشعار وكذلك أيضا العمل من أجل الإستحواذ. وعلاوة على ذلك، إشعارا لحظي من الؤأجر هو ممكن مع الاستمرار لدفع الإيجار بغير وقته من المستأجر، عدة مرات بعد يوم العمل الثالث من الشهر أو مع استخدام مخالف لشروط اتفاق شيء الإيجار، وكيف اكتظاظ الشقة أو تاجير من الباطن غير مصرح به. سبب أساسي لإشعار فوري هو الإخلال بأمن المنزل.

بجانب العديد من المكونات القانونية التي تترتب على التفاهم والتكامل هم الثقافة والقيم والعادات والأخلاق تحكم الابتدائية للاندماج الناجح في ألمانيا. حتى لو كانت العديد من التلمذة الصناعية الأساسية متشابهة، كما لا بد من الاعتراف بالاختلافات التي توجد بين الرجال والنساء، وكذلك بين الإسلام والمسيحية أو الاتجاهات الدينية الأخرى.

القيم والعادات

للإدارة في ثقافة جديدة، لا بد من البدء في فهم يضع هذه الثقافة، في الواقع. في جمهورية ألمانيا الاتحادية المساواة في الحقوق بين الرجال والنساء شيء صالح وفقا للفقرة 2 من القانون الأساسي في جميع مجالات الحياة في المادة 3. تتعهد الدولة لإزالة العيوب القائمة من النساء تجاه الرجال. في الإسلام تقف، على سبيل المثال، أن الرجال والنساء متساوون، ومع ذلك، يتميز في الإسلام في هذا الصدد إلى أن لا أحد لديه فرصة أفضل من الجنة (سورة 3 بسبب جنسه، الآية 195) ، وبالتالي، يجب على الاثنان اتباع واجبات الله الرسمية. ومع ذلك، هذه الآية لا تعني مرادفا ما يقف في القانون الأساسي الألماني من المساواة في الحقوق. يقول القرآن أن الجنسين يتلقان مواهب مختلفة وفقا لذلك الرسوم على حساب صفاتها الفيزيائية المختلفة ما تستمد الحقوق والواجبات الأخرى من بينها. القوانين الأساسية الألمانية لا تقسم هذا الرأي، لأن كل امرأة لديها نفس الحق في جميع المجالات مثل الرجل، يمكن أن تقرر أيضا العمل و متوفر في ألمانيا ذلك كتتحرر. بعد القرآن أصبح الرجال والنساء لهما الإسلام من الناحية القانونية على القرار الحر لاختيار زوجها.

ومع ذلك، فإن عدم المساواة موجود هناك في في المحكمة. هناك بيان الرجل في بعض الحالات يحسب بضعفي المرأة. ويجد هذا المبدأ الأساسي في ألمانيا وفقا لقوانين المساواة في الحقوق لا فائدة، ولا يستخدم أيضا. في القرآن هذا التقييم موجود مع حماية المتهم وحماية المرأة، لأن هذا من شأنه أن يطالب كثيرا على حساب رسوماتها المادية من قبل الحيض والحمل وكذلك افتقارها للخبرة في الشؤون العامة، وربما، في مثل هذه الحالة. لن يسمح لهذه الأسس في ألمانيا. في العقيدة الإسلامية أصوات المتحفظين المؤمنين في كثير من الأحيان لا شيء مثل تلك من العلماء الليبراليين الذين يمكنهم أيضا أن لا يمنعوا أن يقبل الفصل الصارم جدا من الجنسين بمنع مشاركة المرأة في الحياة العامة. إذا تحرر النساء والرجال المسلمين - في أوروبا والولايات المتحدة وأستراليا وكذلك في العالم الإسلامي محاولة للدفاع منذ عقود لتقرير المصير للمرأة في مجالات الأسرة والتعليم والتمهّن. حالات معزولة، على سبيل المثال بينظير بوتو الذي كان 1988-1990 و1993-1996 رئيس وزراء باكستان تبين أن هناك أيضا محاولة بعض النساء لتحقيق المناصب العليا والدفاع عنها. ومع ذلك، إيران تظهر وفقا لمنظمة اليونسكو مع 65 في المئة أعلى جزء في الطالبات في جميع أنحاء

العالم. النساء المسلمات في جميع أنحاء العالم تمارس أنفسها بشجاعة وتتميز لأنها في الوقت نفسه على الصعيد الدولي أيضا، وعلى سبيل المثال "جيمينتن توكل كرمان" التي حصلت على جائزة نوبل للسلام في عام 2011، من بين بقية، لخطبتها ضد الطفل رو الغزلان كأول امرأة من الفضاء العربي. في المقارنة التي يمكن العثور عليها إلى أن موقف المرأة ليس نفسه حقا بتوجيهات محافظة لمعيشة الإسلام . ومع ذلك، فإنه في ألمانيا في مثل هذه الطريقة التي منذ عام 1949 ا والكثير قد تم في ألمانيا تحقيقه من تكافؤ والقوانين موجودة وفقا لذلك منذ ذلك الوقت. في العالم الإسلامي الليبرالية تعلمت الامكانيات والطرق في محاولة لخلق المرأة المسلمة أن يسمح لتحديد حياتك الخاصة. في ألمانيا AGG التي يجب أن تعني التكافؤ موجود منذ عام 1949. وكثير من النساء قد ذهبت في الستينات في الشوارع في ألمانيا لإثبات المساواة في المعاملة والمساواة في جميع مجالات الحياة. كان واحدا من الحركات النسوية الأكثر أهمية "جسدي ملك لي". وبإمكان المرأة أن تقرر بعد هذه المظاهرات ومع استحداث قوانين أخرى ودية للمرأة حتى على ما يحدث لجسمك. ومنذ ذلك الحين لديها الامكانية لتحديد كل شيء بنفسها. المبادئ، وكيف من العلماء متحفظ و نظرة بعض الرجال إلى النساء على الفورالى الدين والجنسية التي تنتمي اليها تظهر في كل مرة خطوة تعتبر إلى الوراء في الحركة والتحديث للمساواة في الحقوق. في ألمانيا موجود لنحو 20 عاما البرنامج الذي يعطي للأمهات خلال تعليم الطفل الاحتمال، أن تعمل بأجر وأن تحصل، مع ذلك،على عائلة. تم تكييف هذه البرامج أكثر وأكثر لتغطية احتياجات العائلات على حد سواء. بجانب الوظائف بدوام جزئي وساعات العمل الأكثر قدرة على التكيف هناك لمتابعة احتمالات أخرى هنا في ألمانيا من امرأة ذات درجة عالية من الكفاءة تحصل على وظيفة ووجدت أيضا عائلة. سياسيا في العالم الامرأة تكوّن نصف سكان العالم، وأداء ما يقارب من ثلث جميع ساعات العمل المدفوع. أيضا في الأسرة تكيفت الاحتمالات القانونية للنساء في ألمانيا في كثير من الأحيان إلى أولئك من الرجال. التغييرات في النصف الثاني من القرن العشرين قد حسنت وضع المرأة في الدولة والاقتصاد، وكذلك أيضا في التمهّن والأسرة وتغيرت بقوة على أي حال. في العديد من الثقافات غير الأوروبية التنمية هي متناقضة للغاية. وهذا يمكن أن يقود مرة أخرى من جهة على التفسير المحافظ على صورة المرأة، ومن ناحية أخرى، على التعليم الذي يختلف كثيرا في بعض أجزاء من الأرض وحتى يومنا هذا.

التعليم هو مفتاح النجاح

الوصول إلى التعليم هو المفتاح للتوضيح وبه لعمليات التغيير المرتبطة. من خلال حالة معرفية أكبر فان الطلب على تقرير المصير ينمو أيضا كقاعدة عامة. هذا هو سبب في الخلافات التعليمية التي لا تزال قائمة بين الجنسين هي واحدة من أكبر العقبات للنساء في سياق المساواة في الحقوق. الفرق في في أقل البلدان نموا التي تقريبا. 40٪ من الرجال و 60٪ من النساء يعانون من الأمية لافت للنظر جدا. في البلدان النامية الأخرى هناك حوالي 21٪ من الرجال الذين لا يستطيعون القراءة والكتابة، وحوالي 38٪ من النساء. ما هي المسألة للنظر في هذا الصدد، هو أن هذه الأرقام من اختلافات خطيرة تظهر بين المدينة والريف. في الواقع، هو أنه يتبين بشكل عام أن كلما الشخص ينظر لنظام التعليم صعودا، زادت الفجوة بين الرجال والنساء.

العلاقات الأسرية وبين الجنسين

بشكل اساسي معروف أن المساواة في الحقوق لا يمكن تحقيقها إلا بجانب التعليم أيضا تغيير في العلاقات يحدث بين الجنسين على المستوى الخاص. وختمت هذه المعرفة الحركات النسائية في ألمانيا خلال العقدين الماضيين. في الدول الغربية بدأت أولا وقبل كل شيء بدأت انتشار حبوب منع الحمل والقرار الخاص للمرأة لتكون قادرة على المنع فضلا عن رحيل التقدم الاجتماعي لجيل الثمانية والستين الذي سار جنبا إلى جنب مع فرص تعليمية أفضل وفرص العمل وكذلك المواقف غير الرسمية من النساء. هذه الحركة والسبعينات كانت بداية لمرحلة جديدة في الحركات النسائية ومعها يمشي تغيير دور المسند للمرأة في جميع القارات. في العالم الغربي، وبالتالي أيضا في ألمانيا، أصدرت ما يسمى ثورة الثمانية والستين تساؤل جذري في العديد من القيم التقليدية التي كانت على علاقة مع اختراق النساء في الجامعات وفي الحياة المهنية. للطلاب كان واضحا أن المساواة الشكلية قد أثرت حتى الآن بصعوبة الصب بين الجنسين، وكان عليهم علاوة على ذلك طهي القهوة كنساء، في حين رسم زملائها الطلاب الذكور الكتيبات المختلفة. بعد فترة وجيزة من انهم مستعدون لعدم تقديم هذه الخدمات بعد ذلك من العبد وللإعلان عن الفرق بين الجنسين والتناقض المرتبط معها. في الولايات المتحدة نشأت الاحتجاجات من النساء السود الذين شعروا انهم لم يمثلون أنفسهم من النسويات البيضاوات بشكل كافي، وبالتالي بدأوا باحتجاجات أنفسهم. في البلدان النامية كان التحديث قد نشر خلال سنوات عمرها الستين، وعلى زناد مهم من التغيير في التفكير. حاول كينيدي للحد من الفجوة من الفقر من خلال استثمارات

محددة. في الواقع، لا يمكن أن تحل معظم المشاكل. للأسف، يبدو في مثل هذه الطريقة أنه فقط المزيد من الاعتماد على الدول الصناعية الغنية قد نشأ بالضبط من هذا النوع من التحديث والفجوة داخل المجتمعات الخاصة قد ازدادت ولم تقلل. في أفريقيا وآسيا كان الأمل أن مساعدة من استقلال الدولة بعد النموذج الرأسمالي أو الاشتراكي حيث المشاكل الاقتصادية والاجتماعية سيتعين حلها بسرعة. ثم في عام 1970 شخص قام بتحقيق من قبل Ester Bösere التي ينبغي أن تتحقق من نتائج سياسة مساعدة دول العالم الثالث للنساء. اكتشفت أن البرامج كانت موجهة بشكل حصري تقريبا الى الرجال وحتى لو اهتموا مجالات النشاطات النسائية، وبالتالي، تم تحسين الوضع الاجتماعي للمرأة بدلا من أن يكون أسوء. من هذا التحقيق أصبح واضحا أن كل استثمار وكل محاولة للسياسة المساعدات في العالم الثالث ستفشل إذا كانوا لا يعتبرون النساء والوضع الاقتصادي والاجتماعي وغير الرسمي المعني لهم. نحن اليوم لا نزال في تناقض كبير مع دور المرأة بين الدول الغربية، المستعمرات السابقة والدول الدينية الصارمة . سؤال العلماء الذي وضع نفسه مرارا وتكرارا كان، كيف أن حقوق الإنسان العالمية للمرأة انضم مع التنوع الثقافي للشعب ، وكيف يمكن الوصول للحقوق المتساوية بشكل أساسي إذا لم يتجاهل أحد الفروق بين الجنسين؟

الحقوق المتساوية المسماة من القانون الأساسي للمرأة في ألمانيا وكذلك أيضا في غيرها من المجتمعات الحديثة قد قدمت على الأقل قطعة كبيرة. وفي مجال التعليم الفتيات لم يصلوا الشباب فقط ، ولكن قد تجاوزنهن، في هذه الأثناء. في المدارس الثانوية وضعوا 56 في المئة من خريجي المدارس الثانوية ومع طلبة الجامعات من الكليات حجم التقييم بنسبة إلى نحو 50 في المئة، إلى 42 في المئة من جميع شهادات الدكتوراه التي قدمت، في ألمانيا في الوقت نفسه إلى النساء.

تقف المزيد والمزيد من النساء في الحياة المهنية والحياة هي في الاستقلال الاقتصادي للرجل.

حق الصيانة يتطبيق منذ عام 2008 في حالة الانفصال يظهر أن يصبح أكثر وأكثر أهمية للمرأة أن تعمل بشكل مستقل وما يقارب من 70٪ من النساء في ألمانيا كذلك في الوقت الحالي. في كلا الطرفين الكبيرين الحزب الديمقراطي الاشتراكي وحزب الاتحاد الديمقراطي المسيحي كل عضو ثالث هو من الإناث. تقدم عملاق يتيح نفسه في ألمانيا في البوندستاغ . عام 1980 كان هناك حوالي 8٪ من النساء و حاليا نحو 33 في المئة. منذ عام 2005 أنجيلا ميركل هي أول

مستشار ألمانيا الاتحادية وبالتالي فإنه كامرأة موقف الذي أدى في الماضي في ألمانيا بشكل خاص من قبل الرجال.

القيم وتأهيل الشباب

مجموعة العلاقة المركزية من الشباب في ألمانيا هي الأسرة، بجانب زمر الأعضاء الذي أعضاءه في الغالب من نفس الفئة العمرية. ما يقرب من نصف جميع الرجال البالغين من العمر 24 عاما، وعلى الأقل حتى 27٪ من النساء من نفس الفئة العمرية لم يعيشوا أبدا من قبل لوقت طويل جدا في منزل والديهم كمثل هذه الأيام. سبب محتمل للمكوث أطول في الأسرة هو أن المزيد والمزيد من الشباب يبقى أطول في نظام التعليم. وقد ارتفع بشكل واضح مستوى تأهيلهم. معا 45٪ من عمر 20 عاما لمدة 18 اكتسب ترخيص الدراسة. أكثر من ثلثي خريجي المدارس الثانوية يستغرق دراسة في غضون ثلاث سنوات. حوالي العشر يترك نظام التعليم دون التدريب المهني . فوق كل الشباب من الطبقات الضعيفة اجتماعيا ومن عائلات مهاجرة تركوا النظام دون نهاية. الاستعداد للانخراط الفخري والاجتماعي مرتفع جدا ضده. حوالي ثلاثة أرباع جميع الشباب يمارسوا أنفسهم للمصالح الاجتماعية والبيئية: لكبار السن الذين يحتاجون إلى الرعاية، لحماية البيئة وحماية الحيوانات، للقوات المسلحة والمهاجرين أو المعوقين. أيضا عدد من الشبان والشابات الذين يقررون بزيادات طوعية اجتماعية أو بيئية - في عام 2009 كان هناك 6720. الخدمة البديلة توفر الإمكانيات لجمع الخبرات في مختلف مجالات النشاطات الاجتماعية أو البيئية . في عام 2009 تم استدعاء 90500 من الشبان في الخدمة البديلة.

وما يلفت في ألمانيا هو أن الفهم الاجتماعي، زادت المسؤولية الاجتماعية. وهذا هو أحد الجوانب الأساسية في أننا نريد البقاء، لأن لدينا حالة الاجتماعية التي تتكون أيضا من هذه المعايير وغيرها بالضبط.

بجانب القناعات الأساسية التي يشاركها وتوجد بالألمان هناك أيضا امور ذات صلة للثقافة والقيم التي ينبغي لأحد أن يعرفها إذا كان أحد يأتي إلى ألمانيا، ويريد أن يبدأ هنا حياة. في الوظيفة التي يعملها الرجل، على سبيل المثال، عادة سراويل طويلة. احتمال الصراع الأولى ينبع في العمل عندما يلبس الشخص بشكل غير مناسب. في ألمانيا يوجد في المؤسسة، الاتصال المباشر بالعملاء لا

يزال غير مكتوب "بذكاء، بتكتم، بأناقة". في بعض الشركات الأصغر يمكن أن يكون اكثر مرونة قليلا، ومع ذلك، فمن المستحسن أيضا هناك لنسأل أي اللباس مرغوبة. وراء علامات واضحة ظاهريا للاحتراف الكثير من التقاليد و عادات رجل الأعمال الصغير هو في الغالب أيضا. إذا كان شخص يرحب بالعملاء في ألمانيا، واحد يعطي للمقابل له دائما اليد(مصافحة) ، وينظر له في العينين. وراء أشكال الأدب الألماني في كثير من الأحيان هناك العديد من الطقوس المخفية التي ينبغي للشخص أن يتعلمها ما إذا كان أحد يحب يدير في ألمانيا وبعض مهنيا المطالبة في نفسه أنه يضعها.للألمان من المهم مع لغة الجسد الحفاظ على موقف معين وعدم الجلوس مثل الرمال الغارقة، ولكن ومع انضباط يجلس في وضع مستقيم. الأذرع المتشابكة سوف يتم تفسيرها في ألمانيا على أنها موقف سلبي، وبالتالي يجب تجنبها. لغويا هي مسألة دائمة الشكل تفضيلية لاختيارك، شريطة أن أي شيء آخر يتم تقديمه من مستوى أعلى. ابتسامة صغيرة متوفرة، ولكن ليس كموقف اصطناعي أيضا نحو محاوره. وغالبا ما تأتي الصراعات بين الثقافات حول فهم المعايير والقيم بشكل مختلف من التوجيه، التسلسل الهرمي ووضع فضلا عن الاتصال مع الأخطاء . الاتصال المفتوح مع الأخطاء ليس سهلا ابدا، في الواقع، في بعض الثقافات مستحيل تقريبا. وراء التستر على خطأ الخوف العميق من العار هو إذا لزم الأمر. وراء الأنماط والقبول الأساسي التي تخفيها المعيشة معا. ردة الفعل المحترمة غالبا ما تكون معكوسة على شكل الحكومة حيث الأشخاص المنفردين اصبحت كبيرة أو الدين الذي يثقون به والتاريخ الضد. المشكلة الأساسية هي أمر للتغلب في العمل إلى جانب التسلسل الهرمي بفهم أساسي ما هو الفريق وكيف يمكن للمرء أن يتصرف في الفريق. الاختلافات الثقافية يمكن أن تؤدي إلى سوء فهم بسرعة.

يتم استخدام نموذج لهوفستيد للتوسط أكثر قليلا من القيم الألمانية والرموز والقبول الأساسية.

الأبعاد الثقافية لهوفستد

في ألمانيا

القبول الأساسي: الاستمرارية والمثابرة. الالتزام بالمواعيد والتسامح والصدق والولاء لبعد القبول من الألمان لتحقيق النجاح. المساواة في الحقوق بين الرجال والنساء في جميع المجالات فضلا عن تقسيم عادل للمشاكل في جميع مجالات الحياة في إطار الشراكة.

القيم / الأعراف:

النظافة، المداراة، تحية جهة، واحترام المسافة المادية من 10 سم مع الغرباء،

المهن التجارية: ذكي، أنيق، تكتم، أحذية تناسب والأخفاف، والأحذية المنخفضة، راقصة الباليه. ومن الجدير كالأدب أن تخلع الملابس الخارجية (سترة، قبعة، وشاح) من داخل المنطقة وتعلق. إلا أن يشير إلى أنه يود أن يذهب ولن يبقى.

المهن الإبداعية / IT-فرع:

جينزات عادية، قميص، بلوزة، الجينزات، تنورة، الحدود هو الأكثر مع 10 سم فوق الركبة (سراويل الركض لم تلبس قط إلا للرياضة)، أحذية رياضية في ظل الظروف، ومع ذلك، للطريقة الكلاسيكية الأحذية المنخفضة.

أبطال / الشخصيات الألمانية

الشهيرة:

يوهان فولفغانغ فون غوته، فريدريش شيلر، هاينريش هيني، هيرمان هيس، فريدريك نيتزشي، يوهان سيباستيان باخ، لودفيغ فان بيتهوفن، ماري كوري، ماكس بلانك، توماس مان، ديتريش ونهوفر، نيكولاس كوبرنيكوس وأكثر من ذلك.

الطقوس:

عيد الميلاد وعيد الفصح كما الأحزاب المسيحية، تماما كما 1 مايو باعتباره اليوم العالمي للحركة العمالية الشهيرة. في ليلة رأس السنة الميلادية إطلاق النار على الصواريخ لطرد العقول الشريرة و3 أكتوبر صالحا في ألمانيا كما في يوم الوحدة الألمانية. تلك الألمانية لديها الشواء في الصيف، في أقرب وقت أشعة الشمس الأولى هي هناك في 18 درجة. ومع ذلك، يسمح هذا فقط على ترتيبات خارجية ملحوظ.

الرموز:

النسر هو الحيوان المكون من معطف الاتحادي من الأسلحة وكان ينظر تاريخيا علامة حكم الإمبراطور الروماني. عندما كارل شكلت طول القامة الإمبراطورية الرومانية من جديد، وتولى هذا الرمز كرمز للقوة الإمبريالية. بعد نهاية الأمة الألمانية الغنية الرومانية المقدسة عام 1806 ذهب النسر المزدوج على الملكية النمساوية. معطف الأحضان الألمانية تأسست في عام 1871 من الإمبراطورية، وعام 1919 - بالفعل في شكل من اليوم. في عام 1950 الرئيس الاتحادي تيودور هويس في ذلك الوقت قرر النسر كما معطف حالة من الأسلحة من جمهورية ألمانيا الاتحادية. العلم الاتحادي وكذلك ألوانه الذهب الأسود الأحمر يقدم للمرة الأولى في الحزب ارتبرج في عام 1817 كعلامة اعتراف المجتمع للطلاب الألمان. وكان هذا الاتحاد طالب للنضال من أجل الوحدة الوطنية والحرية السياسية في ألمانيا. للحصول على مشورة البرلمانية كان في ذلك الحين الطبيعي أن التقاليد استؤنفت بواسطة الذهب الأسود والأحمر والألوان وحدة

وحرية. بعد المادة. هو ثابت 22 القوانين الأساسية أن العلم الاتحادي أسود-أحمر-الذهب. "

بجانب الصور الثقافية التي يمكن نقلها إلى هوفستيد للقيم والأعراف والقبول الأساسي والرموز والطقوس هنالك عادات وتقاليد اخرى موجودة والإدانات والميول التي هي صالحة كألماني.

ما يحبه الألمان

بشكل عام الألمان لا تزال لديهم بعض الميول والقيم والقناعات التي تميز أنفسهم

1. أنهم يحبون الالتزام بالمواعيد

2. الموثوقية

3. الدقة، والكثير يصبح منظم إلى المعهد الألماني للتوحيد القياسي - المعايير

4. الصدق والإخلاص

5. الولاء

6. الاجتهاد / الاستمرارية

7. إدراك الحق في حرية التعبير

8. أدراك حقهم في حرية العبادة، إلى جانب المسيحية التي انتشرت في أجزاء واسعة من ألمانيا أيضا الديانات الأخرى لها حق في الوجود، ولكن أيضا هناك الألمان الذين لا يؤمنون في أي دين، ويتمنون أن هذا مقبول.

9. المساواة في الحقوق بين الرجال والنساء في جميع مجالات الحياة.

10. وحقيقة أن النساء محترمة كالرجال، لأن النساء قد حاربت لعدة سنوات من أجل حقوق المرأة الخاصة بها والمساواة في الحقوق

11. حتى انهم يقررون لكيفية لباسهم واستيعاب كرمكم في جميع المجالات كما تريد. وهذا لا يعني تلقائيا أن تأتي جنبا إلى جنب حتى ذلك الحين إلى "لعبة مجانية" أو استفزاز شيء والخسارة، وبالتالي، الحق في التصرف. فإنهم يودون أن يقرروا من الذي يستطيع أن يلمسهم ومن الذي لا يستطيع ذلك ولا توجد حالة تغير هذا الحق.

12. إذا كان كل الناس الذين هم ضيوف في هذا البلد يحترمون في هذه المناسبة, هذه المبادئ، كما يفعل الألمان ذلك في بلدان أخرى.

13. التأدب، أنه من المعتاد في ألمانيا تمرير اليد إلى شخص ما للتحية.

14. المسافة الشخصية، بأن تحدد بسرور مع نفسك ، مدى القرب الذي يمكن للشخص أن يقتربه منهم وفي الإطار الرسمي المسافة هي عادة 10-12 سم. أما في سياق ودي تكون المسافة عادة 5-cm7، ولكن الألمان يحددون ذلك بسرور بأنفسهم.

15. إذا كان الشخص يأكل معا فيجب الانتظار حتى يكون الجميع على استعداد لإزالة الأطباق في المطبخ، لأنه خلاف ذلك يعطي عدم الراحة للذين لا يزالون يتناولون الطعام.

16. الناس لأسباب تافهة ينظرون الى العيون وهذا ا لا يعني تلقائيا مع الأجناس المختلفة أن الشخص يحاول أن يثير الرجل.

17. حرية الفكاهة في كل اعتبار، انه أيضا في كثير من الأحيان المعتاد في ألمانيا التي لديها إعلانات غامضة ومع ذلك ليس الجميع ساذج، ولكن هذا المجتمع، كما الدول الاسكندنافية ترغب في العيش في حرية وكرم في كل الأنواع.

18. لا يجب أن يكون هناك تمييز جنسي، سواء اذا كان الشخص مثلي الجنس أومن المتحولين جنسيا، ، أو من جنسين مختلفين، انه شيء لنفسه ويحظى بالاحترام في هذا البلد.

19. لكنة احترام تجاه كل امرأة، مثلما هنالك لكنة احترام لكل رجل، بغض النظر عن العمر والحجم.

20. قبول أن المرأة لديها هنا في كثير من الأحيان المناصب القيادية ولديها بالتالي أيضا عمل جزئي من الناحية الفنية وانه شيء محترم.

21. اذا كان بامكانهم التحرك بحرية وتبقى السلع المادية معك وليست مسروقة

لك.

22. دائما قليلا في البريطانية - الألمان يحبون ذلك اذا استخدمت لغة الاحترام و التأدب مثل الرجاء،و لا شكرا،و المعذرة ، وربما يمكن أن تساعدني في المحادثات المدرجة .

23. في الدروس أو المحاضرات ان المبدأ الصحيح هو أن لا تنهض وتذهب ببساطة، ولكن يطلب ما إذا كان الشخص قادر على الذهاب، على سبيل المثال، لفترة وجيزة في الحمام. ومع ذلك، انه أمر مقبول من سن 10 - 12 عاما أن واحدا يمكنه، في الواقع، كما في حالة لتحويل هذا إلى استراحات.

24. الهواتف المحمولة يجب دائما وضعها في الحالة الصامتة خلال الجامعة و المدرسة و- ساعات العمل، لأنه يشعر أنه من المزعج عدم اظهار أي اعتبار للآخرين. نفس الشيء للمطاعم، في قطار الأنفاق أو في السينما والمسرح. الجميع يجب أن تظهر ببساطة الاعتبار لحقيقة أن لا أحد يجب أن يكون منزعج من دوي الرنين.

25. إذا كان أحد مدعو إلى الطعام مع الأصدقاء، الشخص يزيل الأطباق ليس في المطبخ، شريطة أن الجميع لم ينتهو من الطعام ، ولكن الشخص ينتظر، حتى آخر شخص ينتهي من الطعام ويسأل عندما يتناسب الوضع، اذا كان لا يدمر جو الراحة سواء أحب الشخص لجمع الأطباق معا في المطبخ.

26. يتم حل النزاعات ليس بفعل من أفعال العنف أو الأسلحة، ولكن في حالات الطوارئ الشرطة تأتي للمساعدة. الشخص يخرج الى الشوارع هنا بدون السلاح ولا حتى بأسلحة الدفاع عن النفس.

27. في العديد من الأماكن العامة من ألمانيا يوجد حظر القنينات الزجاجية، كما

هو الحال في وسائل النقل العام. وقد أظهرت تجارب السنوات الأخيرة أن الكثير من الناس لم يتعاملوا بشكل جيد تحت تأثير الأدرينالين، واستهلاك الكحول أو غيرها من المواد عندما لم يكن هذا الحظر مفروض بعد. لحماية عامة الناس الآن هذا الحظر ساري المفعول لعدة سنوات.

28. ومن الجدير دائما أنه فقط الكثير من الكحول مستهلك بحيث الشخص يمكنه أن يتحمل، دون اضافة أي أضرار اخرى. في ألمانيا يتم تدريب رجال الشرطة وخبراء الأمن أن يأخذوا في الاعتبارا خلية التجفيف لتجنب أضرار أخرى.

29. في المطاعم وفي وسائل النقل العام الشخص يسرع دائما بالتحدث بصوت عال فقط بالطريقة الصحيحة ويتوجب أخذ الاعتبار للضيوف الاخرين دائما. الكثير من الألمان يشعرون أنها غير مقبولة إذا تحدثت بصوت عالي لأنها تعتبر نوع من الغطرسة. إذا كان الشخص يحب أن يجعل نفسه شعبي، الشخص يجب أن يحاول دائما للتكيف مع هذا الوضع.

30.يتم طرح القمامة دائما في سلة المهملات مثلما بقايا الطعام والأوراق والعلكة. لدينا في ألمانيا في كل زاوية شارع مثل هذه السلل والألمان يحبون النظافة، فضلا عن الحفاظ على البيئة. أيضا حاول فصل القمامة الألمانية عن القمامات الاخرى والورق والكرتون والزجاجات ومواد التعبئة والتغليف.

القيم في الحياة اليومية

1.التحية مع الأصدقاء تعطى بابتسامة وهي غير مرتبطة بالملاطفة.

2. الأبواب تعقد بالإجماع في ألمانيا حيث أن الناس في الوقت الراهن يفضلون

الراحة أو الخصوصية. إذا كان الشخص يريد أن يتحدث مع الشخص الذي يجلس وراء الأبواب المغلقة، فمن الأدب طرق الباب والانتظار، قبل الدخول.

3. يفتح السوبر ماركت ومراكز التسوق وكذلك مخازن تجارة التجزئة كقاعدة بين الساعة 8-20Uhr، في بعض الحالات حتى 23 صباحا. الأحد تكون مغلقة عادة.

4. في ألمانيا هناك قوانين للإزعاج العام فبعد التبول في شارع مفتوح جريمة يمكن أن تفسر. وتهدف ألمانيا في الأماكن العامة للمراحيض العامة.

5. إذا الأشخاص المسنين والمريض أو الحامل يحتاجون إلى مكان على المقاعد العامة أو في الطريق، هي مسألة أن تكون مهذبا لاعطاء هذه الأماكن.

6. في ألمانيا هناك مبدأ أن تبقي دائما على اليمين، حول الشخص الذي يذهب إلى الاتجاه المعاكس لإعطاء إمكانية العبور خلالهم دون إزعاج بعضهم البعض.

7. لدينا حرية العبادة في ألمانيا ما يمشي جنبا إلى جنب، ولكن مع قبول الناس أيضا في المجال الذين يؤمنون بآلهة اخرى أو عدم الايمان بشيء على الإطلاق.

8. لدينا أيضا إمكانية الكرم في ألمانيا التي هي مرادفة مع الجميع يمكنه أن يلبس كما يحب ولا اشارات أن انه يمكن لمسه أو ما شابه ذلك، لأنه لنا أيضا الحق في تقرير المصير.

9. علاقات الحب صالحة في العموم كالمعتاد ما يعني أنهم يمكنهم تقبيل بعضهم البعض وأيضا العناق والاظهار بها ما يصل الى التعديات الجنسية لا للإثارة الازعاج العام وأيضا لا تدان.

10. مع الأصدقاء الشخص يرحب نفسه في كثير من الأحيان مع احتضان أو

بقبلة على اليسار وعلى اليمين ما ليس مرادفا للمؤشرات الجنسية، انه شيء طبيعي.

11. التمييز بسبب الجنس أو لون البشرة، والدين، و التوجه الجنسي، ممنوع ويلاحق جنائيا.

12. حياة للبيئة واعية تعني استهلاك المياه واستهلاك الطاقة بشكل منخفض.

13. في ألمانيا مياه الصنبور صالحة للشرب.

14. يسمح الذهاب في السيارة فقط إذا كان الشخص لا يأخذ عقاقير لنفسه ولا يشرب الكحول.

15. الرشاوي لغرض تسريع فترة انتهاء الصلاحية في السلطات والمرافق العامة هي جريمة جنائية.

16. الألمان يتبعون لافتات الشوارع والنظام مرتبط معها.

17. في الصراعات أو المناقشات عنيفة الشخص دائما يتصل الى الشرطة على رقم الهاتف 110 ومع الأشخاص المصابين أيضا للحصول على المساعدة الطبية على 112.

18. للسماح لاستخدام وسائل النقل العام، لا بد من شراء تذكرة.

19. وفي ألمانيا هناك في معظم الشوارع بشكل منفصل مسارات لراكبي الدراجات.

20. الدراجات صالحة أيضا للشوارع وفق أوامر حركة المرور.

وبالإضافة إلى ذلك، قد يستخدم الألمان في الغذاء والشرب:

1. لحوم حيوانات مختلفة (الدجاج والديك الرومي ولحم الضأن والأبقار والخنازير)

2. البيرة والنبيذ

3. مخلل الملفوف و أنواع الكرنب

4. المفصل للحم الخنزير والمشوي

5. النقانق والسجق المشوي

6. السمك والمأكولات البحرية

7. البطاطا والمعكرونة والأرز

8. خبز ولفة الخبز

9. الزبدة والسمن

10. الكعك

11. حلويات تحتوي على الجيلاتين

وبالإضافة إلى ذلك، يسر الألمان المطبخ الجيد من جميع أنحاء العالم. الأطباق الإيطالية وكذلك تلك التي الاسبانية واسعة الانتشار في ألمانيا. ولكن أيضا يتم استهلاك المطبخ الشرقي اليوناني هنا بسرور. يمكن للألمان أن يأكلوا منها بسرور وبشكل جيد و مفتوح بالتالي للمطبخ من العالم بأسره إذا كان يتوافق مع ذوقه. في بلدنا من الطبيعي أن الجميع يمكن أن يأخذوا لأنفسهم ما يحبون ولا يصبح هنا شخصا سيئا إذا كان يشرب، على سبيل المثال، الكحول أو لحم الخنزير. نحن نحترم كيف يعيش البعض، لكن نريد أيضا على الجانب الآخر أن

تحترم أساليب الحياة لدينا.

في ما يلي بعض السلوكيات يجب أن تساعد القواعد في الحصول على انطباع كما يتم تعليم الألمان كقاعدة إذا كنت قد حصلت على التعليم الأساسي المحافظ من قبل الوالدين.

قواعد الأخلاق و دليل الآداب

كالأدب وهذا في ألمانيا بالفعل الكثير من القرون في مثل هذه الطريقة، السيد "فريدهير جنيجي". هذا قد ذهب إلى عناء صياغة قواعد ما يسمى الأخلاق التي تم تكييفها جزئيا إلى القرن ال21، ولكن حتى يومنا هذا يتم تطبيقها وتعتبر جيدة وأدبية.

1. حول المواقف الاجتماعية الصغيرة التي ينبغي لأحد أن يتجنبها الشخص يجب أن ينظر دائما كيف سيبدو على ما يرام إذا كان كل من الأشخاص الحاضرين أرادوا أن يسمحوا لأنفسهم بنفس الحرية. . .

توخي الحذر دائما، لكي لا تفقد شيء ولكي تعتني بنفسك.

2. حول الملابس المناسبة هي مسألة : أن تلبس . . .

أن تلبس بطريقة مناسبة لعمرك، وليس أصغر من عمرك. هذا أمر أساسي وجوهري في ألمانيا وأن تظهر بملابس نظيفة عند مغادرة المنزل.

3. حول الطريقة التي يتصرف بها الناس في حالة السكر في المجتمع ...

يسّر النبيذ قلب الشخص ، وإذا كان المرء يحتاج هذا المشروب ليس كحاجة ضرورية والتي بدونها لا يمكن للشخص أن يكون في مزاج سعيد ولكن كما تعني الإثارة، التي في لحظات غامضة,روح الدعابة الطبيعية قد لا تفسح المجال

تماما من عقل رجل صادق. . .

ينبغي للمرء أن لا يستخدم الكحول للابتعاد عن الأفكار المظلمة ولكن لجعل المزاج أكثر سعادة.

4. الرقص , صحيح أن الناس تمارس الرقص في كثير من الأحيان من جانب جيد. إذ يأتي الحماس، والسبب هو ليس أكثر من الاثارة ...

ليس الجميع مولود للرقص والكثير جدا من يأتي معها أيضا إلى الترفيه في المجتمع، تختار لذلك دائما بعناية ما إذا كان يمكنك الرقص أو لا.

5. وسائل قواعد في المجتمع إذا كنت تريد التحدث في مجتمع مع شخص من الحاضرين مع صديقك (على الرغم من هذا و أيضا الهمس بشكل عام غير لائق)، على الأقل الاهتمام يستخدم في هذه الحالة.

ê الكلام دائما بعناية ولا تهمس إذا كان الناس الآخرين موجودين و تعتبر من قلة الأدب

6. الكلام وراء ظهور الآخرين لا يجعلك فوق أي أحد . لا تكشف عن نقاط ضعف البشر المجاورين لك! لا تكشف العيوب البسيطة للأشخاص المجاورين لتظهر بشكل أفضل! لا تكشف الأخطاء والانحرافات في ضوء النهار على حساب الاخرين!

ê الكلام عن الآخرين وراء ظهورهم لا يجعلك فوق أحد ويحمي المسافة. إذا أنت تتعرف على ضعف الاخرين، وهذا لا يحقق شيء للأمام. تكشف القليل من جوانب البشر المجاورين لك لتظهر نفسك بشكل أفضل. لتحقيق الربح من ضعف الناس الاخرين للمباهاة بنفسك، هذا عمل غير نبيل.

7. أما عن السخرية , إذا كانت مسألة الحصول على تقدير دائم للنفس ويرجع ذلك إلى حقيقة أن لا أحد يصبح غير محتشم للترفيه، والحمل ليس لأحد ، و لا تعتاد على لهجة السخرية و التهكم.

è الذين لا يريدون أن يفقدون الاحترام ، يجب أن يعتني بألفاظه دون سخرية ومهزلة عن الآخرين.

8. هل أنت مهتم في الآخرين إذا كنت تريد أن يهتم الاخرين بك! الذي يعيش وحيدا، دون شعور الأخوة وحسن النية والحب، فقط للنفس التي لا تزال تتوق للحصول على المساعدة الخارجية.

è ارغب في الآخرين كي يرغب الاخرين بك. من يريد الصداقة، يجب أن يعطي ليكون قادر على العطاء.

9. إنها مسألة بعض القواعد مع المراسلات للمتابعة. كل شيء تقريبا أقوله من الاتصال الشخصي مع الناس يعاني استخدامها في المراسلات. لا لتوسيع المراسلات الخاصة بك، وكذلك الاتصالات الخاصة بك، بشكل مفرط. . .

è لا تحاصر الناس بعدد كبير جدا من المعلومات أو رسائل كثيرة جدا

10. لا تكون ساذجا كثيرا! يوجد سببين يدفعنا. واحد هو أن لا يكون بصراحة جدا ضد الناس: أول من كشف عن الخوف والضعف لدينا وبالتالي أن يساء استخدامها، والنظر، وذلك عندما الشخص قد اعتاد الناس مرة واحدة لإخفاء شيئا منها.

دائما اعتبر ما تكشف وليس بعمق شديد.

11. البقاء مركزا. "الواجبات ضد أنفسنا هم أهم وأولى." مراقبة أحول الناس

ليست طريقة للاتصال ولكن للحصول على راحة داخلية و تأمل في النفس، وقبل أن تلح خاصة بدلا من وضع النفس أمام باب أكثر اختلافا.

è ، وأن يكون في نفس الوقت جيد لنفسه، يؤدي إلى راحة داخلية

12. كما أنه يساعد والمثير للاهتمام عدم إهمال المجتمع عن الاتصال مع الآخرين. واجبات ضد أنفسنا هي الأهم والأولى، والاتصال مع الشخص الخاص بنا في الواقع, ل مع ا الأشخاص الذين لا يملكون هدف ولا الأكثر ملل. . .

والاتصال مع الأشخاص التابعين لنا يجب أن لا يمنعنا من أن نكون قادرين على التوقف و القيام لأنفسنا بشيء جيد.

13. التعامل مع نفسك يكون بحذر و عناية ونزاهة، فكيف مع الآخرين! إذا كنت ترغب أن تعثر في الاتصال مع نفسك العزاء والحظ والراحة، يجب التعامل بعناية، بشكل جيد وعادل مع نفسك مثل مع الآخرين، لكي لا تغضب لا من سوء المعاملة والاحباط، ولا من قبل التجاهل.

è كن مع الاخرين بطريقة تماما كما تريد أن يكون الاخرين معك.

14. لا تيأس من الافتقار إلى الكمال، مع الصعوبات لتصبح شخص كبير! لا تيأس، لا تصبح ناقم إذا كنت لا يمكن أن تصل إلى ارتفاع معنوي أو فكري الذي يمتلكه الاخرون، وليس من الغير عادل أن تنظر الى جوانب أخرى جيدة فيك التي ربما لم تكن موجودة من قبل ذلك. . .

à لا تيأس من أخطائك

15. كيف يمكن للمرء التعامل مع أخلاقه؟ لا تفوت مرتبك بعد ذلك من قولك: »أنا أفضل من هذا وذاك من نفس العمر أو الدولة، وبالتالي ليس بعد درجة من

قدراتك والترتيبات والتعليم والفرصة التي حصلت عليها لتصبح أكثر حكمة وأفضل كالعديد من الآخرين. . .

فقدان نجاحك في الآخرين، وعدم الامتنان للفرص التي لديك في المقابل. مع ذلك لا ترتفع، ولكن هو مجرد الامتنان!

16. لا تكن عبدا لرأي الآخرين! ما يهمك في النهاية هو حكم العالم كله إذا تصرفت , ما عليك القيام به؟ وما هي حجرة الايداع الخاصة بك من قيمة الفضائل الخارجية إذا علّقت هذا الرأس فقط عن قلب ضعيف ومنخفض لجعل صورة في المجتمعات بها؟

è فكر بشكل مستقل وانه من الشجاعة بما فيه الكفاية لتسبح ضد التيار. تجعلك تنحدر في المظاهر الخارجية ، الى جانب ذلك، اذا كان الطابع الخاص بك سيئ. إذا كان هذا يحاول التصرف ما يجب عليك القيام به.

18. دع الجميع يجيب عن تصرفاته ! لا تنظر الى أعمال الناس المجاورة لك، بقدر ما لم يكن لديهم علاقة بك أو كثيرا في الأخلاق على العموم بحيث ستكون جرائم لأن تكون تكون هادئ حول ذلك. . .

è لا تكن حاكم أكثر اختلافا للأفعال و الإجراءات والتركيز لك على نفسك إذا كان الأشخاص التابعين لك لا يعملون بأعمال اخرى مؤذية.

19. في حين يجب للمرء أن يحكم على الناس. يجب الحكم على الناس ليس من قبل ما يتحدثونه، ولكن من قبل ما يفعلونه. اختيار الملاحظات الخاصة بك، ولكن دائما في مثل هذه اللحظات التي يعتقدون أنها غير ملاحوظة منك. . .

التصرفات ذات القيمة، وليس الكلمات, واختار اللحظات التي خصمك يشعر فيها مخفي.

20. إذا كنت ترغب في تحقيق شيء في العالم، يجب عليك أن تسأل لذلك.

تمنيات لك مزايا زمنية، الدعم والرعاية في حياة الطبقة المتوسطة. إذا كنت تحب أن تكون في خدمة التي يمكن أن تساعد فيها بلدك الأصلي، يجب عليك أن تسأل لذلك والتوسل في بعض الأحيان.

è إذا كنت تريد مساعدة، يجب عليك أن تسأل عنها

21. الأخذ والعطاء: ينبغي للمرء أن يعطي للجميع، على أن تتصور من شخص ما. كن متحمسا، ولكن لا تكن فظ

كن مستعد أيضا لأن تفعل أشياء للآخرين، ولكن لا يجبروك.

دليل الآداب يرفق سوى بعض التوجيهات والقيم التي هي صالحة لشخص حسن تعليمه في ألمانيا، ولكن هذه النصيحة مفيدة للغاية بالنسبة للحياة اليومية والاتصال لكي لا تكون سلبيا.

بجانب القيم الأساسية، القبول والطقوس انها مسألة أيضا ملحوقة ببعض الواجبات، بحيث تعمل ألمانيا كدولة اجتماعية. لفهم ذلك, في ما يلي مشروح كيف الدولة الاجتماعية مبنية وكيف تعمل.

الواجبات في الحالة الاجتماعية

الحالة الاجتماعية لشخص يدعو دولة ديمقراطية التي تضمن ليس فقط الحقوق الأساسية والحرية الشخصية والاقتصادية (الدولة الدستورية) ، ولكن أيضا أن تأخذ التدابير القانونية والمالية والمادية للتعويض عن التناقضات الاجتماعية. مبدأ اجتماعي يرفق الهدف من دولة تحت حكم قانون العدالة وفي المادة. وافقت 20 و 28 القوانين الأساسية. الدولة الدستورية هي اسم للدول التي تخضع لعمل أجهزة الدولة إلى اليمين رزين، بحيث يمكن للأفراد بعض الحقوق الأساسية

ويحق للوضع عمل الدولة معينة حدود كل عمل الدولة للقانون الدستوري وتحقيق للعدالة يقدم وفي الرقابة القضائية . المبدأ الأساسي هو الحكم السياسي الديمقراطي وتنظيم سلطة الدولة، وذلك بهدف منع إساءة استخدام السلطة السياسية، تماما كما للحد من ممارسة الحكم السياسي وحماية الحريات معها من الطبقة المتوسطة. وهو يتميز بين السلطة التشريعية، ما يسمى السلطات التشريعية، والسلطة التنفيذية، ويسمى التنفيذية وسلطة العدالة الاستغناء، . يتم تعيين هذه الوظائف لمختلف أجهزة الدولة المستقلة، وذلك إلى البرلمانات والحكومات والمحاكم. السياسية ونظريا أصبح التلمذة الصناعية لتقسيم الصلاحيات من J. لوك (1690) ومونتسكيو (1748). مبدأ الفصل بين السلطات في ألمانيا بعد المادة. 20 فقرة 2 وافق القانون الأساسي. لمبدأ تقسيم السلطات يتوافق مع أن أجهزة الدولة مستقلة عن بعضها البعض لتكون قادرة على العمل بكفاءة سياسيا مع بعضها البعض يجب تجاوزها.

السلطة التنفيذية، والبريد. يحتاج إلى أساس قانوني لتكون قادرة على العمل بشكل صحيح، وتعتمد السلطات التشريعية على حقيقة أن الحكومة والادارة تتحرك القوانين. وبالتالي، في الخلافات الممارسة السياسية من حيث المبدأ الصارم لتقسيم السلطات تنشأ أو يتم التخطيط خلافات على الاطلاق.

وظائف الدولة الاجتماعية لأن جميع المواطنين الالمان لديهم درجة في الوعي الجماعي وديعة بجانب ضرائب العامل الخاص بك، فضلا عن مساهمات اجتماعية عالية. ينبغي للمرء أن يكون راجعا إلى الجميع للنظر هذا منجد فقط كم وعدم. تم إنشاء هذا النظام للقبض على الأشخاص الذين يفقدون عملك، ووجودك. كما أنها مسألة التجديد بعد مبدأ الديمقراطية التي تعتبر هامة لألمانيا. يحصل هذا النظام على مذهلة، طالما الناس، لا تفعل شيء بما فيه الكفاية للحصول على فرص العمل في ألمانيا للعيش على حساب الآخرين، وبالتالي للآخرين اللذين في حاجة أو لأسباب صحية يعتمد النظام الاجتماعي، أن يعرض للخطر ليتم القبض عليه. هذا البناء الوظيفي يعمل من حيث المبدأ الأساسي البسيط - رعاية المجموعة. كل موظف وكل صاحب عمل في ألمانيا يرى مبررا للإيداع إذا كان هو نفسه و أيضا إذا كان في أمس الحاجة إليها. توقف العمالة غير المشروعة أيضا من المساهمة في رفاهية المجموعة. في نتيجة هذا يعني أن كل شخص ألماني أو في المعيشة الألمانية حريص على العيش لا في المدى الطويل على نفقة الدولة، ولكن كشخص قابل للتشغيل في كل تصور للأفعال، زيارة التدريبات المتقدمة التي يتعلمها الألمانيون ويظهر في الوقت المحدد وبشكل منتظم للواجبات

تفرض عليه وينتهي هذا مع الطموح لتكون قادرة على توفير سرعة لنفسها. . وقد استمر ذلك طويلا لبناء نظام اجتماعي مستقر وأنه سيكون علامة على الاحترام والامتنان لأغراض هذا المجتمع والودائع منذ عقود على هذا القدر لهدف الاندماج الناجح السريع، وينظرون إلى كل عرض الذي يفتح ثقافة وقيم تحترم التي توجد هنا. في الوقت الحاضر ليس من دون سبب والسياسة تناقش العقوبات مع تلك التي تتناول مجرد دعم الدولة وتكون صالحة على خلاف ذلك كما لم يحدد دمج أنفسهم. حتى تأخذ على محمل الجد نصيحة والعرض لمتابعة إجراءات الاندماج الألمانية.

النصائح والاقتراحات

أفضل إمكانية لثقافة هو أن تتناولها لرعاية من ناحية التاريخ والثقافة الألمانية، في حين يتعامل المرء معها، ولكن أيضا من المفيد أن تأخذ الرعاية في وقت الفراغ، لتختبر في أحداث الثقافة الألمانية والمجتمع ماذا يحب الألماني وما لا يحب. فقط من خلال التجربة أنه من الممكن حقا أن نفهم. فمن المنطقي لرعاية البرامج الرياضية الحالية، تماما كما في تجربة الحياة الثقافية والحياة الليلية في ألمانيا التي لديها الكثير لتقدمه، في الواقع، للبعض. بعض الصحف الإقليمية لها بانتظام قبل نهاية الأسبوع جدولا زمنيا للأحداث الماضية على الجانبين. لدراسة هذه، أن إمكانية شرح جيدة متوفرة لتكون قادر على المتابعة إلى جانب العديد من الأحداث، للتعرف على الثقافة والحياة. تبقى اللغة مفتاح النجاح وهي الابتدائية لجميع خطوات أخرى في ألمانيا. لدينا هنا العديد من الاحتمالات التي ترغب في ذلك. فإنه لا يزال من الضروري أن يقرأ واحد في المنزل أو في المسكن مرارا وتكرارا في الألمانية أو يكرر الألمانية لاستيعابها. وبالإضافة إلى ذلك، فمن الضروري لنفسه الدراسة من الناحية القانونية ما هو منظم في ألمانيا. النظام في ألمانيا يقوم بعمله عن النظام القضائي المنظم. وقد أدرجت كل الحالات التي تلاقي واحدة في الحياة اليومية.

نتيجة ووجهة نظر

موضوع الاندماج يرفق كثيرا وأنه لن يكون من الممكن، كل ما هو مهم لإيجاد طريقة جيدة، لتلخيص إلى قراءة واحدة فقط. ويمكن للمرء ربما التحدث عن

قراءة المبتدئين للقيم والثقافة، والنظام القضائي ليكون قادر على الدخول بشكل أسهل في المجتمع الألمان. وسوف تستمر في بعض الأماكن قليلا، مؤسسات من المجتمعات، حتى يتم توفير القيم الأساسية والمفهومة، بل هو هدف للوصول وجزء أساسي ينبغي التوصل له في مساعدة من التوضيح. ونتمنى أن قيمنا والقواعد والحقوق والواجبات هي محترمة ومعترف بها. فمن الممكن للوصول إلى التآزر إذا يمكن التعرف على المشاكل وأن تنشأ عن ذلك الحلول والعلاج. في الأساس ألمانيا لديها انفتاح كبير على الثقافات المختلفة، ولكن أنت تفكر للغاية بعادات وتقاليد بلدك، وتريد من هؤلاء أن يحترموها وليس المزيد من الانتصارات أو المكاسب مرة اخرى . الجميع الذي يريد التمتع بمزايا ىوالانفتاح والواقع من قبل جميع الشركاء. تلك هي الألمانية البيروقراطية جدا.

يمكننا ربما تعلم في تماسك الأسرة عنصر وفي سياقات أخرى من الثقافات والأرباح الأخرى، ولكن كما الثقافات الأخرى من أنفسنا. ألمانيا هي البلد الأغنى في عدد السكان في الاتحاد الأوروبي. حوالي 82 مليون شخص في المنطقة الألمانية وسدس يعيش ذلك ربما في ألمانيا الشرقية، وذلك على أراضي جمهورية ألمانيا الديمقراطية السابقة. في الشمال والشرق من ألمانيا الأقليات القومية من الدنماركيين، الفريزيون، والسنتي والروما الألمانية والصربيين الذين يعيشون. لديهم الثقافة الخاصة من أي وقت مضى، واللغة والتاريخ والهوية. الاقتصاد الألماني يعتمد منذ الخمسينات على العمال المهاجرين. وقد عاد جزء من ما يسمى العمال الأجانب الذين استخدموا في ذلك الوقت في ألمانيا عادوا الى بلدهم الأوطان جنوب أوروبا وجنوب شرق أوروبا، ولكن بقي الجزء الآخر للحياة والعمل في ألمانيا. ظل أيضا العديد من المهاجرين الأتراك اللذين هاجروا في وقت لاحق. وقد تطورت ألمانيا شيئا فشيئا من بلد عامل أجنبي الى بلد الهجرة. مجموعة كبيرة أخرى من المهاجرين يشكلوا المهاجرين الألمان العرقيين الذين عاشوا لبعض الأجيال في دول الاتحاد السوفياتي السابق، في رومانيا وبولندا وعادوا - على نحو متزايد بعد انهيار النظم الشيوعية - إلى ألمانيا.

تنطوي هذه المناطق من الهجرة أن الهجرة لكل فرد من السكان يكمن في ألمانيا في الثمانينات أعلى حتى مما كانت عليه في البلدان الكلاسيكية مع سياسة الهجرة المفتوحة مثل الولايات المتحدة الأمريكية وكندا وأستراليا. حاليا أكثر من 15 مليون شخص مع خلفية الهجرة يعيشون في ألمانيا. مكتب الإحصاء الاتحادي في ألمانيا يحصي كل الناس الذين هاجروا إلى ألمانيا، وكذلك اللذين ولدوا في

ألمانيا. أحد الوالدين المهاجر له. ما يقارب 7 ملايين منهم هم من الأجانب، حوالي 8 ملايين يمتلكون الجنسية الألمانية - من الولادة لأن واحدا من الآباء والأمهات غير ألماني أو عن طريق التجنس أو لأنها جزء من 4 ملايين من المهاجرين الألمان العرقيين. بجانب المهاجرين هم مهاجرون من تركيا مع 2. 5 ملايين أكبر المجموعات، 1. 5 ملايين الأصلية من يوغوسلافيا السابقة أو الدول خلافتها. في ألمانيا يعيش حوالي 4 ملايين من المسلمين. العديد من المهاجرين الذين يعيشون في ألمانيا يعملون كغير مؤهلين ، لأن ألمانيا جندت في القوى العاملة خاصة للأنشطة سهلة. وقد أظهرت دراسات مختلفة أن الأسر المهاجرة لديها في ألمانيا صعوبة على تحسين الوضع الاقتصادي لها أو أن يصعد اجتماعيا. وعلى الرغم من ذلك، فقد تم إحراز تقدم كبير من التكامل في كل العقود الأخيرة: لتحقيق الجنسية الألمانية، وجعل من الأسهل من الناحية القانونية، فإن اتصالات المهاجرين إلى ألمانيا أصبحت أكثر كثافة وازداد قبول التنوع الثقافي العرقي. في عام 2005 أصبح هذا حيز التنفيذ لأول مرة على التنظيم القانوني الشامل الذي يعتبر جميع مجالات السياسة الهجرة. من عمليات الهجرة الماضية ألمانيا قد شهدت الكثير، لقد تعلمت شيئا وعازمة على أخذ الجميع الذي يريد الاندماج.

تضع الحكومة الاتحادية في دمج ذوي أصول مهاجرة التركيز الرئيسي على العمل. التركيز يكمن في حقيقة أن التكامل يركز على خلق المهاجر يصل إلى سوق العمل الألماني والتعليم والدعم اللغوي وبدا كمفتاح حول التكامل. منذ عام 2006 والمستشارة أنجيلا ميركل تدعو مرة في السنة لقمة الاندماج التي تدعى ممثلين من جميع الفئات الاجتماعية ذات الصلة للتكامل كما المنظمات المهاجرة. وكانت نتيجة قمة الاندماج الأولى "خطة التكامل الوطني". يتم فحص هذه بانتظام لاعتناقه. انه يحتوي على أهداف محددة بالإضافة إلى 400 من التدابير للدولة والاقتصادية والاجتماعية الفاعلة. في هذه الطريقة هو بناء شبكة من قبل "spavins" التعليمية التي تطبق حتى الآن إلى أكثر من 5000 العرابين الذين يدعمون الأطفال والشباب من الأسر المهاجرة في المدرسة والتدريب المهني. ما يسمى ب "ميثاق متنوع" يضع أكثر من 500 شركة والمرافق العامة مع أكثر من أربعة ملايين موظف. هذا فهم تنوع الثقافات باعتبارها فرصة وتعهدت للحصول على أفضل فرص تعليم للشباب مع خلفية الهجرة.

هناك بالتأكيد لا يزال في مكان أو أمكنة اخرى الأمثل يحتاج ما يتعلق بطلب

اللجوء في ألمانيا، في الواقع، قد ويجب ألا ننسى أيضا، فضلا عن ان ألمانيا نجحت بالكثير ، ويجب أن يتم تناولها كقاعدة لتحسين معين للوقت، ولكن بعدها تتم العمليات. حاول، حتى لو كان من الصعب في بعض الأحيان لقبول أساليب الحياة لدينا،و الميول والعادات، أيضا إذا أردنا عالمية ألمانيا، ونحن نريد أيضا أن ألمانيا يمكن أن تتعلم، ولكن المهاجرين، لا يزالون بحاجة إلى التكيف ، لأنهم يريدون العيش في هذا البلد وبالتالي تكون صالحة أيضا هذه القوانين. إننا نمضي قدما اجتماعيا ونساعدة الثقافات الأخرى بسرور في الأوقات التي هم في أمس الحاجة إليها. بالإضافة أن الألمان يأملوا أن كل من المهاجرين واللاجئين أن يجعلوا القوانين الغير المكتوبة مكتوبة هنا. بهذه الطريقة يمكن يحدث للاندماج الناجح . فإنه من المستحسن الحصول على القانون المدني لتكون قادر للبحث في بعض الحالات عندما يكون الشخص ليس متأكدا ما إذا كان ما يخطط له هو قانوني أو غير قانوني. وبالإضافة إلى ذلك، فإنه يساعد على اختبار و تواصل مع السكان الألمان في الحياة اليومية. هناك في جميع قاعات هامبورغ الكتابية الكثير من ما لا نهاية من الكتب عن الثقافة في ألمانيا، وأحيانا يمكن أن تكون مفيدة لقراءتها في بعض الأحيان، إلا أن الكفاءات الأساسية ومفتاح الاندماج تظل اللغة وأيضا إذا كان هذا يبدو صعبا إلى حد ما في البداية، فإنه من المستحسن لوضع الطاقة في الكفاءة اللغوية. نعيش نحن الألمان على مبدأ أن الطريقة التي تسيطر عليها الذات هي أيضا ناجحة ونتمنى ان الجميع الذي يرغب في العيش هنا أن يأخذ بعناية للقيام بما يلزم ليكون جزءا من هذا المجتمع.

في القراءة بدأت محاولة تناول اختلافات جوهرية بين ألمانيا وغيرها من الدول. لأنك يمكن أن تقرأ في هذه ما يمتلكه الألمان للصور وعلى أي المبادئ الأساسية التي يعيشون فيها. هدفنا هو الشعور والانتماء جميعا هنا للمعيشة وإرضاء الجميع الذي هو على استعداد للتعامل معها والاندماج عن طيب خاطر ، في حين يتم القيام بمحاولة التكامل.